Kursmodelle Musik
Sekundarstufe II

herausgegeben von Richard Jakoby
und Ernst Klaus Schneider

Wilfried Gruhn

Stil und Stilwandel in der Musik

Verlag Moritz Diesterweg
Frankfurt am Main

Abbildungsnachweis:

S. 8: aus: P.B. Coremans, Van Meegerens Faked:
Vermeers and De Hooghs; Verlag J.M. Meulenhoff, Amsterdam 1949;
S. 29: Arnold Schoenberg Institute, Los Angeles;
S. 43: © VG Bild-Kunst, Bonn 1988;
S. 59: aus: L. Russolo: Die Geräuschkunst 1913–31, Bochum 1985;
S. 167: © VG Bild-Kunst, Bonn 1988

ISBN 3-425-03796-X

Satz: Fotosatz Otto Gutfreund, Darmstadt
Druck: Paul Robert Wilk, Friedrichsdorf-Seulberg
Bindung: Adolf Hiort, Wiesbaden

Inhalt

Zu diesem Buch ist eine Cassette (MD-Nr. 8196) mit folgendem Inhalt lieferbar:

1. Max Reger: Suite im alten Stil op. 93, 1. Satz
2. Igor Strawinsky: Concerto in Es (Dumbarton Oaks), 1. Satz
3. F. Balilla Pratella: Fragmente aus „L'aviatore Dro“
4. Luigi Russolo: Riveglia di una citta
5. Intonarumori: crepitatore, ullulatore, gorgogliatore, ronzatore u.a.
6. Edgard Varèse: Ionisation für 13 Schlagzeuger
7. Arnold Schönberg: Chorsatire „Vielseitigkeit“
8. Johann Seb. Bach: Sopranarie „Ich bin vergnügt mit meinem Glücke“
9. Christoph Nichelmann: Änderungsvorschlag zu Bachs Arie
10. Carl Heinrich Graun: Triosonate D-Dur, 1. Satz
11. Carl Philipp Emanuel Bach (?): La Spinoza
12. Claudio Monteverdi: Lamento d'Arianna
13. Luca Marenzio: Occhi dolci e soavi
14. Louis Spohr: Historische Symphonie G-Dur
15. Giovanni Battista Pergolesi: Triosonate B-Dur, 1. Satz
16. Hans Zender: Streichquartett „Hölderlin lesen“

Vorwort

Unter dem Thema „Stil und Stilwandel“ werden in diesem Arbeitsbuch für Lehrer und Schüler musikgeschichtliche Fragen im tieferen und eigentlichen Sinne gestellt. Es geht dabei also nicht um die chronologische Abfolge musikgeschichtlicher Ereignisse, sondern um die Frage, an welchen geistesgeschichtlichen Wendepunkten markante Veränderungen in einem Bereich der Kunst, der Musik, festzustellen sind; worin diese Veränderungen bestehen; wie sie auf die Menschen (Musiker und Hörer) gewirkt, was sie bewirkt haben; wodurch sie eigentlich ausgelöst wurden. Zwangsläufig gerät der Versuch solchen Fragens zur Auseinandersetzung mit dem komplexen Phänomen des Stils. Hierbei wird zu überlegen sein, inwieweit schematische Abgrenzungen sinnvoll, berechtigt, notwendig oder problematisch sind; wie weit die aus der Literatur, Malerei oder Architektur entlehnten Epochenbegriffe zur Beschreibung der geschichtlichen Entwicklung in der Musik überhaupt taugen.

Es versteht sich, daß ein solches Herangehen an Musik ein intensives Befragen nach ihrem Warum und Woher erforderlich macht, das nicht kursorisch im Durchgang durch die gesamte Musikgeschichte erfolgen muß, sondern an *einem* Beispiel intensiv erfahren werden soll. Das Arbeitsbuch enthält Materialien und Anregungen für eine solche Auseinandersetzung mit Musik. Es sind aber bewußt mehr Materialien und Arbeitsanregungen zusammengetragen, als in einer regulären Unterrichtseinheit benutzt werden können und benutzt werden sollen. Es sei daher nachdrücklich betont, daß keineswegs alle Aspekte, Texte und Beispiele, die unter einem der drei Beispiele für Stilwandel zusammengestellt sind, in derselben Unterrichtseinheit behandelt werden sollen. Dies würde gerade zu einer stofflichen Überladung führen, die der Idee der vertieften Erfahrung genau entgegengesetzt ist. Die Absicht der Zusammenstellung besteht vielmehr darin, vielfältige Materialien für ganz verschiedene Unterrichtssituationen und Unterrichtsansprüche (Grundkurs, Leistungskurs) bereitzustellen, aus denen Lehrer und Schüler gemäß den jeweiligen Bedürfnissen und Interessen *auswählen* können. Entscheidend für die Auswahl soll die Situation im Kurs bleiben und nicht die Anordnung der Texte und Materialien im Arbeitsbuch. Daher ist die Reihenfolge der einzelnen Kapitel (= Unterrichtseinheiten) nicht chronologisch angeordnet, um von vorneherein nicht eine bestimmte historische Abfolge zu suggerieren (ohnehin könnte nach dem Prinzip der „psychischen Nähe“ gerade auch von aktuellen Gegenwartsfragen ausgegangen werden). Vielmehr werden hier drei verschiedene Beispiele, an denen das Wesen eines Stils gerade im Umbruch, also im Verlauf eines Stilwandels exemplarisch erfahren werden kann, als *drei Alternativen* angeboten. Dies soll es möglich machen, die Frage nach Stil und Stilwandel je nach der Stellung dieses Themas im Gesamtzusammenhang des Unterrichts, je nach den gegebenen Voraussetzungen der Schule, des Ortes, der allgemeinen Situation des Kurses etc. unterschiedlich anzugehen. So kann in einem Fall der Stilwandel um 1600, in einem anderen der um 1910 zum Anlaß für die unterrichtliche Erschließung des Themas gewählt werden. Anliegen dieses Arbeitsbuches ist es, an *einem* geschichtlichen Ereignis exemplarisch das Wesen des Stils und Stilwandels zu erfahren und zu reflektieren. Exemplarisch meint dabei aber nicht nur die quantitative Beschränkung auf eine historische Epoche, sondern zielt vielmehr auf eine qualitative Intensivierung der Auseinandersetzung: an *einem* Ereignis das *ganze* Problem des Stilwandels zu erfahren, einmal der Frage nach den Ursachen und Wirkungen stilistischer Veränderungen in Ruhe und Gründlichkeit nachzugehen. So bietet dieses

Arbeitsbuch für ganz verschiedene Kurse unterschiedliche Zugangsmöglichkeiten und Arbeitsschwerpunkte an.

Das Eingangskapitel „Stil und Stilwandel“ möchte einen allgemeinen Fragehorizont für die weitere Arbeit schaffen. Man kann die dort zusammengestellten Aspekte und Texte im Unterricht heranziehen oder das Kapitel als Einführung nur zur häuslichen Lektüre verwenden. Ebenso ist es aber auch möglich, gleich mit einem bestimmten Abschnitt des Stilwandels zu beginnen und z. B. durch die Konfrontation mit dem Wiener Skandalkonzert 1913 die Frage nach dem Wesen eines Stils und seines Wandels anzuregen. In diesem Fall böte das Eingangskapitel die Möglichkeit eines abschließenden Rückblicks auf die allgemeine Problematik von Stil und Stilwandel.

Die Texte der einzelnen Kapitel sind systematisch nach orientierenden musikgeschichtlichen Darstellungen (Lesetexte), Quellentexten und Musikbeispielen als Arbeitsmaterialien (M) und Arbeitsanregungen gegliedert. Die Lesetexte können sowohl Gegenstand des Unterrichts sein als auch zur häuslichen Vor- oder Nachbereitung dienen. In jedem Fall gewährleisten die zusammengestellten Texte und Beispiele aber eine größtmögliche Flexibilität und Offenheit der individuellen Unterrichtsplanung.

Grundsätzlich sollte versucht werden, möglichst viele der angeführten Musikbeispiele selber zu musizieren und nur in den Fällen, wo dies nicht möglich ist, auf die Beispiele der Tonbandcassette zurückzugreifen. Dabei sind alle Möglichkeiten zu nutzen, die Beispiele gemäß den gegebenen Umständen durch andere zu ersetzen, durch weitere zu ergänzen oder für die jeweilige Besetzung in einem Kurs zu bearbeiten.

Wilfried Gruhn

Stil und Stilwandel

Eine Beobachtung

Begriffe, mit denen wir täglich umgehen, erscheinen uns ganz klar und verständlich. Schwierig wird es erst, wenn wir genauer darüber nachzudenken beginnen und den Begriff deutlich eingrenzen und gegen andere abgrenzen wollen. So geht es auch mit dem Begriff des *Stils*. Wir sprechen vom guten oder schlechten Stil eines Textes, auch von Stilblüten, die einem unversehens unterlaufen. Die Wohnung und die Lebensart können Stil haben oder stillos sein; und dies hat nichts damit zu tun, ob jemand Stilmöbel besitzt oder nicht. Das Blumenmuster auf einem Dekorationsstoff oder einer Tapete, das nicht mehr Abbild der Natur, sondern reines Ornament ist, bezeichnen wir als stilisiert; von Stilisierung sprechen wir auch in anderen Bereichen des Lebens, wenn wir z. B. feststellen, daß eine unscheinbare Eigenschaft zur Tugend hochstilisiert wird. Im Industriedesign (z. B. bei der Karosseriegestaltung) sprechen wir vom Styling. Solche Beispiele ließen sich noch beliebig vermehren.

Und Stil in der Kunst: in Malerei, Literatur, Architektur und Musik? Hier ist im Umgangssprachgebrauch meist eine Stilepoche (Zeitstil) gemeint: der Barockstil, die Stilepoche der Renaissance, der Jugendstil u. a. Aber wir sprechen auch vom Personalstil, von Stilperioden (dem Früh-, Hoch- und Spätstil eines Künstlers oder einer Epoche), vom Nationalstil und vom Stil bestimmter Gattungen (kammermusikalischer Stil, Kirchenstil). Was haben alle diese Verwendungsweisen des Stilbegriffs gemeinsam? Sie bezeichnen eine bestimmte Machart, durch die die Gegenstände in Erscheinung treten. Dabei kann der Aspekt, unter dem die jeweilige Sache gesehen wird, sehr verschieden sein:

- die Stilblüte bezeichnet die Wirkung unfreiwilliger Komik, die durch eine Formulierung hervorgerufen wird;
- Stilmöbel betonen die Imitation altdeutscher Machart;
- das anglisierte Styling kennzeichnet die modische Gestaltung des Äußeren, während
- Stilisierung die künstliche Verfeinerung und Abstraktion vom natürlichen Vorbild meint. Epochenbegiffe wie
- Jugendstil bringen die Erscheinungsweise eines Zeitgeistes bzw. eines Zeitgeschmacks in Kunst, Philosophie und Lebensform zum Ausdruck.

Hier geraten wir bereits in erste Schwierigkeiten. Hängt Stil vom Geschmack einer Zeit ab oder formt er ihn erst? Prägt der Stil die Werke der jeweiligen Epoche, oder bilden alle Werke dieser Epoche erst zusammen den Stil? Ist ein Kunststil allein aufgrund technischer Verfahren und formaler Merkmale zu bestimmen (immanente Kriterien der Struktur und Materialbehandlung), oder läßt sich über Stil sinnvoll nur reden im Zusammenhang mit „Zeitgeist“ und „Geschmack“ einer die Kunstrichtung tragenden sozialen Schicht? Kann ein individuelles Kunstwerk, das unverwechselbar und einmalig ist, Stil haben oder einem Stil angehören? Anders gesagt: ist Stil etwas, was ein Werk hat, es auszeichnet oder kennzeichnet, oder ist Stil eine ästhetische Ordnungskategorie, der man Werke mehr oder weniger eindeutig zuordnen kann?

Unmittelbar nach dem 2. Weltkrieg sorgte der holländische Maler Han van Meegeren (1889–1947) für großes Aufsehen, weil er Fälschungen alter niederländischer Meister (hauptsächlich Vermeer, aber auch Ter Borch, Frans Hals und Pieter de Hooch) in den Handel gebracht hatte, die er so stilgetreu und meisterhaft imitiert hatte, daß selbst

Fachleute sie nicht von Originalen unterscheiden konnten. Am bekanntesten wurde sein Vermeer-Bild „Die Jünger von Emmaus", das für 550000 Gulden in den Besitz einer Rotterdamer Kunststiftung überging und von der gesamten Fachwelt als eines der bedeutendsten Werke Vermeers gefeiert wurde. Dabei hatte van Meegeren nicht etwa ein bereits vorhandenes Gemälde kopiert, sondern er hatte ein neues Bild ganz im Stil Vermeers gemalt.

Han van Meegeren, Kartenspielergesellschaft (1939)

„Er arbeitete bis in die kleinsten Einzelheiten genau nach dem von Vermeer befolgten Verfahren. Er hatte sich in die unablässig memorierte, mittlerweile zum eigenen Wissensgut gewordene Technik des Meisters eingelebt. Grundierung, Formgebung, Lichtverteilung, Perspektive, Figur, Malweise, Farbhöhung und Pinselführung schienen nicht mehr dem siebenundvierzigjährigen Han van Meegeren anzugehören; er war zum Medium dessen geworden, den er nachgestalten wollte."[1]
Was macht denn – so fragen wir uns angesichts dieses Tatbestandes – das eigentümliche Wesen eines Stils aus, wenn er einmal größte Meisterschaft anzeigt und gleich darauf zum Makel eines kriminellen Delikts werden kann? Nach Meyers Enzyklopädischem Lexikon handelt es sich bereits dann, wenn ein „Kunstwerk im Stil einer vergangenen Epoche (mit oder ohne Anbringung einer fremden Signatur)" angefertigt wird, um eine Fälschung.[2]
Lassen wir einmal den kriminellen Aspekt der Täuschungsabsicht, einen höheren Handelswert zu erlangen, ganz außer Betracht und beschränken uns allein auf die ästhetischen Fragen, die dieser Fall aufwirft.

1 Frank Arnau: Kunst der Fälscher – Fälscher der Kunst, Düsseldorf 1959, S. 292.
2 Meyers Enzyklopädisches Lexikon, Bd. 8, 1973, S. 486.

1. Welche Bedeutung hat überhaupt das Phänomen „Stil“ für das ästhetische Urteil und die ästhetische Wirkung von Kunst?

Es gibt in der Malerei, aber ebenso auch bei Geld und Schmuck, also bei verschiedenen Wertgegenständen das Phänomen der Fälschung. Hier wird durch Imitation ein nicht vorhandener Wert vorgetäuscht. Verliert ein Werk der Kunst aber dadurch an ästhetischer Bedeutung, daß es nicht wirklich der Stilepoche entstammt, der es anzugehören vorgibt? Wird Kunst „unwahr“, wenn sie sich der Mittel und Formen einer vergangenen Epoche bedient? Ist das Wissen um das tatsächliche Alter eines Werkes entscheidend oder maßgeblich für den ästhetischen Wert (nicht für den Markt- oder Tauschwert), den wir ihm beimessen?

2. Was macht eigentlich den Stil eines Werkes aus?
Kann man Stil mit der grammatischen Grundlage der Sprache vergleichen, in der man sich dann ganz unterschiedlich ausdrücken kann? Oder entspricht Stil eher dem Idiom eines Menschen oder einer Gruppe, d. h. deren Sprechweise, dem Vorrat an Begriffen und charakteristischen Wendungen, über die man verfügt? Oder findet sich im Idiom gerade das, was die einzelne Aussage oder Ausdrucksweise gegenüber der allgemeinen Norm, dem allgemeinen Stil auszeichnet?
Man könnte geradezu vom Idiom eines bestimmten Stils sprechen und vermuten, daß es sich dabei um die formalen Wendungen handelt, die bei entsprechenden handwerklichen Voraussetzungen reproduzierbar sind, daß diese Mittel aber alleine noch nicht ausreichen, den Kunstcharakter eines Werkes zu begründen.

3. Was ist schließlich für das Verständnis von Kunst gewonnen, wenn man ein Werk zutreffend einem bestimmten Stil zuordnen kann, d. h. charakteristische Stilmerkmale erkennen und unterscheiden kann?
Eine solche Überlegung steht im Zusammenhang mit der ganz generellen Frage, inwieweit ein Kunstwerk aus sich selbst verständlich ist oder sein soll oder ob es zu dessen Verständnis wenigstens einer allgemeinen Kenntnis der geschichtlichen Bedingungen bedarf, unter denen das Werk entstanden ist. Die nicht von der Hand zu weisende Prämisse des wissenschaftlichen Historismus lautete, daß wir etwas „erst ganz verstehen, wenn wir erkennen und uns klarmachen, wie es geworden ist“[1].

Was heißt „Stil“ in der Musik?

Musikgeschichte wurde lange Zeit überwiegend als Stilgeschichte verstanden, d. h. als eine Abfolge von verschiedenen Stilepochen, ihren Besonderheiten und unterscheidenden Merkmalen. Die Werke erscheinen darin wie die Glieder einer Kette, deren Perlen nach Farben angeordnet sind, die zwar Übergänge bilden, sich aber dennoch zu einheitlichen Feldern gemeinsamer Färbung gruppieren und unterscheiden lassen. Unser Geschichtsverständnis ist heute differenzierter und mehrschichtiger; dennoch ist die Frage nach den unterscheidenden Merkmalen der Stile nicht überholt. Denn wir spüren sofort, wenn plötzlich ein Stilbruch oder ein Stilwechsel in ein und demselben Werk eintritt. Hierfür gibt es genügend Beispiele aus allen Epochen der Musikgeschichte, z. B. wenn in Mozarts „Zauberflöte“ beim Auftritt der Geharnischten plötzlich Musik im kontrapunktischen Stil des Barock erklingt und eine strenge, ernste, weihevolle Atmosphäre verbreitet. Auch

1 Johann Gustav Droysen: Historik (1857), München 1977, S. 151.

wenn der Hörer dabei nicht sagen kann, daß es sich hier um ein Element des Barock handelt, erfaßt er doch die Tatsache, daß sich etwas ändert, was sich bei genauerer Betrachtung als Änderung der Schreibweise oder der musikalischen „Sprachform“ beschreiben läßt. Was hier also vorliegt, ist ein – künstlerisch beabsichtigter – Stilwechsel.
Machen wir uns das zunächst an einem Text der Literatur klar. Uwe Johnson eröffnet seinen Roman „Jahrestage“ mit einer Beschreibung der Atlantikküste südlich von New York, in die sich Erinnerungen der Hauptperson Gesine Cresspahl an ihre mecklenburgische Heimat mischen.

„Lange Wellen treiben schräg gegen den Strand, wölben Buckel mit Muskelsträngen, haben zitternde Kämme, die im grünsten Stand kippen. Der straffe Überschlag, schon weißlich gestriemt, umwickelt einen runden Hohlraum Luft, der von der klaren Masse zerdrückt wird, als sei da ein Geheimnis gemacht und zerstört worden. Die zerplatzende Woge stößt Kinder von den Füßen, wirbelt sie rundum, zerrt sie flach über den graupligen Grund... Beim Strandlaufen an der Ostsee gab es ein Spiel, bei dem die Kinder dem Vordermann jenen Fuß, der eben nach vorn anheben wollte, mit einem raschen Kantenschlag hinter die Ferse des stehenden Beins hakten, dem Kind das sie war, und der erste Fall war unbegreiflich. Sie geht auf den Leuchtturm zu, dessen wiederkehrender Blitz zunehmende Schnitze aus dem blauten Schatten hackt. Alle paar Schritte versucht sie, sich von den Wellen aus dem Stand schubsen zu lassen, aber sie kann das Gefühl zwischen Stolpern und Aufprall nicht wieder finden.
Can you teach me the trick, Miss C.? It might not be known in this country.
An der israelisch-jordanischen Front ist wieder geschossen worden. In New Haven sollen Bürger afrikanischer Abstammung Schaufenster einschlagen und Brandbomben werfen. Am nächsten Morgen ist der früheste Küstenzug nach New York...“[1]

Hier prallen auf engem Raum drei verschiedene Stilformen mit unterschiedlicher Aussage aufeinander. Am Anfang gibt es die poetische Schilderung der Natur mit plastischen Metaphern (Wellen „wölben Buckel mit Muskelsträngen“), bildkräftigen Attributen („im grünsten Stand“, „weißlich gestriemt“), ausdrucksstarken, dynamischen Verben („treiben, wölben, zittern, zerdrücken, zerplatzen, stoßen, wirbeln, zerren, hacken, schubsen“ etc.). Dagegen wird die unvermittelt eingeführte, etwas steife Frage („Can you teach me the trick“) und darauf die kurze, sachliche Nachrichtenfolge mit ihren ungenauen, unbeteiligten Aussagen („ist geschossen worden“, „sollen Bürger Brandbomben werfen“) gesetzt.
Wenn wir diese Stilformen als „Schilderung“ und „Bericht“ erkennen, tun wir dies, weil wir die einzelnen Sätze des Textes auf allgemeine Muster beziehen, Muster, in denen plastische Metaphern, bildhafte Attribute und ausdrucksstarke Verben eine wichtige Rolle spielen. Und wenn wir darüber hinaus erkennen, daß der harte Schnitt der Stilformen in diesem Roman ein besonderes künstlerisches Stilmittel darstellt, das typisch ist für die Ästhetik in der zweiten Hälfte unseres Jahrhunderts, dann haben wir wiederum dieses individuelle Verfahren auf ein allgemeines ästhetisches Prinzip (die Montage) bezogen.
Wir gehen also, wenn wir Stile untersuchen, davon aus, daß Äußerungen gleichen Typs oder gleicher Entstehungszeit über alle individuellen Besonderheiten hinweg auch generelle Gemeinsamkeiten aufweisen.
Der Stilbegriff drückt eine Beziehung zwischen Individuellem und Allgemeinem aus. Wenn wir ein Musikstück als typisch barock erkennen, dann erkennen wir über alle Details

1 Uwe Johnson: Jahrestage, Bd. 1, Frankfurt am Main 1970, S. 7–9.

dieser Musik hinweg bestimmte Grundmuster, die für Barockmusik typisch und repräsentativ sind. Wenn Werke der gleichen Entstehungszeit sich aber durch gemeinsame Merkmale auszeichnen, dann läßt dies auch den Umkehrschluß zu, daß wir bei Werken, deren Entstehungszeit und kulturgeschichtlichen Hintergrund wir nicht kennen, allein aufgrund der stilkritischen Untersuchung eine historische, ja sogar eine personale Zuordnung unter bestimmten Vorbehalten vornehmen können.

Das, was die Zuordnung zu einem Stil ermöglicht bzw. was als Stileigenschaft des Werkes in Erscheinung tritt, kann verschiedene Aspekte einer Komposition betreffen:

- die Technik (Satztechnik, Kompositionsart): z. B. homophoner – polyphoner Stil;
- die Funktion: z. B. Kirchen-, Kammer-, Theaterstil;
- die Wirkung: z. B. hoher, niederer Stil;
- den kultur- und geistesgeschichtlichen Zusammenhang, in dem das Werk steht: Stilepochen, Stilperioden;
- die für einen Komponisten typische, unverwechselbare Eigenart seiner Kompositionsweise: Personalstil.

Wenn wir ein Musikstück einem Stil zuordnen wollen, müssen wir von der individuellen, einmaligen Besonderheit des Werkes absehen und die allgemeinen Merkmale erkennen, die es mit anderen Werken derselben Zeit oder des gleichen Typs gemeinsam hat und worin es sich zugleich auch von Werken anderer Art und anderer Zeit unterscheidet. Stil ist also die Summe der gemeinsam unterscheidenden Merkmale, durch die einzelne Werke miteinander in Beziehung stehen. Wir müssen uns also bewußt bleiben, daß wir über Stil nur reden können, wenn wir dabei die Spannung im Auge behalten, die zwischen allgemeiner Norm (d. h. der Teilhabe an gemeinsamen Prinzipien) und individueller Besonderheit (d. h. der unverwechselbaren Einmaligkeit eines Kunstwerks) besteht.

Insgesamt können wir drei Bedeutungs- und Verwendungsebenen des Stilbegriffs unterscheiden:

1. Stil ist ursprünglich ein *technischer Begriff,* der eine bestimmte Schreibweise kennzeichnet (etymologisch von lat. stilus graphium = Schreibgriffel).
2. Sodann wird Stil auch als *Klassifikationsbegriff* zur Kennzeichnung bestimmter Gattungen, Epochen, Funktionen und Ausdrucksweisen verwendet. Wir benötigen die Unterscheidung verschiedener Stilkategorien, um die Vielfalt der Erscheinungen zu ordnen. Dabei besteht jedoch die Gefahr, daß vorgegebene Kategorien wie eine Brille oder wie ein Filter wirken, durch die man nur das sehen kann, was sie hindurchlassen. Solche „Brillen“ oder „Filter“ richten die Aufmerksamkeit auf bestimmte Dinge und blenden andere Wahrnehmungen aus.
3. Schließlich dient Stil auch als *ästhetische Kategorie* zur Begründung von Werturteilen. Um ein ästhetisches Urteil über die Zuordnung eines Werkes zu einem Stil fällen zu können, muß man in eine gewisse Distanz zu dem Werk treten. Steht man in räumlicher Nähe dicht vor einem Bild, wird man Einzelheiten, Feinheiten, Besonderheiten erkennen. Tritt man aber einige Schritte zurück und betrachtet das Bild aus einem größeren Abstand, so erkennt man die allgemeinen Strukturen der Darstellung, den Gesamtaufbau, das Spiel der Beleuchtung usw. und kann so Gemeinsamkeiten mit anderen Bildern gleichen Typs oder gleichen Themas feststellen. Wenn sich im Begriff des Stils die erkennbaren Gemeinsamkeiten einer Struktur versammeln, in deren Rahmen sich individuelle Möglichkeiten verwirklichen, dann sind Aussagen den Stil betreffend immer nur aus innerer oder äußerer Distanz und in globaler Perspektive möglich. Aussagen zum Stil sind Aussagen zum Typus, zur Art, zum Allgemeinen eines je Besonderen.

„Von der musicalischen Schreib-Art“

Solange Komponieren weniger als Sache genialer Eingebung und schöpferischer Erfindung („inventio“), sondern vielmehr als handwerkliche Kunstfertigkeit („ars“) angesehen wurde, in der Können und Wissen vereint sind, war die Unterscheidung von kompositorischen Stilarten (lat.: stylus, ital.: maniera, stile, genere) eine mehr handwerklich formale. Beim Aufkommen des Stilbegriffs um 1600 bezeichnet er zunächst nur die besondere Kompositions- und Vortragsweise des in Italien entwickelten monodischen Sprechgesangs. Mit verschiedenen Bezeichnungen wird die einfache Textdeklamation (stile narrativo, stile recitativo) von der ausdrucksvollen, textausdeutenden Kompositionsart (stile espressivo, stile rappresentativo) und dem die Leidenschaften darstellenden, erregten Stil (stile/genere concitato) unterschieden.
Der jeweilige „stile“ oder das „genere“ erfordert bestimmte kompositionstechnische Verfahren: der stile espressivo eine freiere Dissonanzbehandlung, der stile concitato eine erregte rhythmische Bewegung (Sechzehntel-Repetitionen im Begleitinstrument).
Mit dem Vorherrschen der Ausdrucksästhetik im 17. und 18. Jahrhundert treten dann Gesichtspunkte der Affektdarstellung in den Vordergrund. Wir finden nun folgende Unterscheidungen von Stilen und Stilarten:

– entsprechend den vier Temperamenten eine Einteilung in den
  1. „Styl der traurigen Affecten“
  2. „Styl der fröhlichen Affecten“
  3. „Styl der hohen, stillen Selbstzufriedenheit“
  4. „Styl der mürrischen, heftigen Affecten“
  (Nikolaus Forkel: Allgemeine Geschichte der Musik, 1788);
– entsprechend dem Zweck, Anlaß und Aufführungsort der Musik eine Einteilung in
  1. den Kirchenstil (stylus ecclesiasticus; da chiesa)
  2. den Kammerstil (stylus cubicularis; da camera)
  3. den Theaterstil (stylus theatralis; da teatro)
  (Marco Scacchi: Breve discorso sopra la musica moderna, 1649; Johann Mattheson: Das Neu-Eröffnete Orchestre II, 1717);
– nach der Satzart den „melismatischen“ oder „canonischen Stil“ (Mattheson: Der vollkommene Capellmeister, 1739), den „strengen“ oder „gebundenen“ Stil und den „freyen“ oder „galanten Styl“ (Heinrich Christoph Koch: Musiklexikon, 1802);
– nach dem ästhetischen Anspruch die hohe, mittlere und niedrige Schreibart (Johann Adolph Scheibe: Der critische Musikus, 1745);
– nach dem Charakter der Nationalität und Herkunft der Musik den italienischen, französischen, polnischen, deutschen (etc.) Stil (Scheibe: Der critische Musikus, 1745);
– nach dem Komponisten den individuellen Personalstil (vgl. Scheibe: Critischer Musikus, 1745).

Erst im 19. Jahrhundert wird der Stilbegriff mehr und mehr eingeengt auf die „Summe der künstlerischen Gestaltungsprinzipien“ (Jonas Cohn: Allgemeine Ästhetik, 1901). Gleichzeitig verlagert sich die Bedeutung des Stilbegriffs von einer mehr kompositionstechnischen Angabe zu einer historisch wertenden Aussage.

M1 Giovanni Battista Doni

Unter dem rezitativischen Stil (stile recitativo) versteht man also heute die Art von Melodie, die manierlich und mit Anmut vorgetragen werden kann... Aber einige wollen,

daß man unter dem ausdrucksvollen Stil (stile espressivo) den versteht, der den Sinn der Worte und die menschlichen Leidenschaften besser ausdrücken kann...
Wir müssen aber unter dem darstellenden Stil (stile rappresentativo) die Art Melodie verstehen, die wahrhaft der Bühne angemessen ist, besser gesagt für jede Art dramatischer Handlung, die man mit dem Gesang darstellen... will, der fast der gleiche ist wie der heutige rezitativische Stil, aber nicht ganz derselbe, weswegen ihn einige Dinge heben und andere hinzutreten müssen, um ihn zu vervollkommnen, wie gleich gezeigt wird. Es gefällt mir also besser, diesen Stil, der der Bühne angepaßt ist, den darstellenden (stile rappresentativo) oder Bühnenstil zu nennen ...

Aus: Trattato della musica scenica, 1640; in: A. F. Gori/G. B. Passeri (Hrsg.): De' trattati di musica di Gio. Batista Doni, Florenz 1763, ND 1975. Übers. von Rainer Fanselau, in: Musik und Bedeutung, Frankfurt am Main 1984, S. 109.

M2 Johann Mattheson

Zehntes Haupt-Stück.

Von der musicalischen Schreib-Art.

§. 1.

Weil die besondre Anwendung und Zusammenfügung gewisser Wörter, Redens-Arten, Ausdrücke und Formalien, sowol in heiliger Schrifft, als im Gericht, bey Hofe, in Kantzeleien, auf Lehr-Stühlen, in Briefen und täglichem Umgange einen mercklichen Unterschied des Styls, es sey im reden oder schreiben, hervorbringt: so stehet leicht zu erachten, daß die Ton-Kunst, da sich ihr Nutz und Gebrauch über Gottes-Häuser, Schaubühnen und Zimmer erstrecket, nothwendig auch, durch dergleichen Anwendung und Zusammenfügung gewisser Klänge, Gänge, Fälle, Zeit-Ordnungen und Geltungen, in ihrer Schreib- und Setz-Art, sehr verschieden seyn müsse.

§. 5.

Damahls aber, etwa vor hundert Jahren, hat der Kirchen-Styl nur vier schlechtunterschiedene Gattungen unter sich begriffen; der Kammer-Styl hatte deren drey, und der theatralische wollte sich noch gar nicht theilen lassen, sondern blieb einfach; daß man also mit Mühe nur acht Neben-Arten berechnete. Man kan nun leicht dencken, daß sich, seit der Zeit, viele Veränderungen in diesen Dingen zugetragen haben, und die Anzahl vermehret worden ist. Ob aber solcher Zuwachs künfftighin noch weiter gehen werde, solches wollen wir der Nachwelt zu erleben gerne überlassen: genug, daß die Haupt-Eintheilung ihren Grund und Gewißheit, ohne allen Zweifel stets behaupten wird, und auch alle neue Neben-Aeste sich vermuthlich leicht auf obige drey Classen beziehen dürfften.

§. 11.

Ich mag, kan und bin verbunden in allen dreien, auf gewisse Weise, das ist, auf solche Weise, wie es Kirche, Kammer, und Saal nach der gegebenen Erklärung vorschreiben, hoch, mittelmäßig und niedrig zu verfahren: welches nur zufällige, und keine wesentliche Umstände des Styls und seines Unterschieds sind; sintemahl aus keiner eintzigen dieser drey Eigenschafften allein weder ein Kirchen-Stück, noch eine Oper oder ein Concert iemahls gemacht werden kan; dahingegen manches gutes Werck, allerhand Art, zum Stande gebracht wird, ohne daß jene zufällige Ausdrückungs-Weisen alle drey dabey etwas zu thun finden.

Aus: Der vollkommene Capellmeister, Hamburg 1739, S. 68–70.

M3 Johann Adolph Scheibe

Die musikalische Schreibart aber ist eine geschickte Zusammensetzung der Noten, die den Sachen gemäße Gedanken und Erfindungen auszudrücken. Das Denken und die Erfindung müssen also vorher gehen, und die Schreibart muß mit ihnen vollkommen übereinstimmen. In beyden zugleich äußert sich der Geschmack des Componisten. Dieser bestehet also nicht allein in der Schreibart, sondern im Denken und Schreiben zugleich.

...

In allen Stücken kann unmöglich einerley Schreibart seyn. Die Zeit, der Ort, die Umstände, die Gelegenheit, die Gemüthsbewegungen, Leidenschaften und natürlichen Begebenheiten erfordern auch, nach gewissen Stufen, eine verschiedene Schreibart; man kann aber gar füglich eine gute musikalische Schreibart so wie in der Dichtkunst und Redekunst in drey Arten eintheilen, und man wird unter diese drey Arten alle andere Arten, sie mögen, aus welchem Grunde sie wollen, entstehen, ganz leicht setzen können. Wir haben also die hohe, die mittlere und die niedrige Schreibart. Diese drey Arten wollen wir anitzo etwas ausführlicher untersuchen.

Man hat in der Musik insgemein einen falschen Begriff von der hohen Schreibart. Man nennet nur dasjenige hoch, was außerordentlich künstlich und durch einander geflochten ist, oder was überhaupt ein wunderliches, unvernehmliches, oder schwärmendes Geräusche verursachet, dessen Absicht nur mit schwerer Mühe zu errathen ist. Wenn wir aber auf das Natürliche und Deutliche, als das eigentliche Kennzeichen einer guten Schreibart, sehen, so werden wir dadurch auf eine ganz andere Höhe gebracht, indem jene vielmehr hochtrabend, schwülstig oder gezwungen, und also unnatürlich und undeutlich ist; wie solches aus folgendem noch mehr erhellen wird.

Eine wahre hohe Schreibart muß weit merkwürdigere Eigenschaften besitzen. Sie muß prächtig und nachdrücklich seyn, sie muß mit den Personen, mit den Sachen und Verrichtungen, dazu sie gebraucht wird, aufs genaueste übereinstimmen. Und endlich muß sie auch in den Gemüthern der Zuhörer die größten und erhabensten Begriffe wirken; so daß sie von dem Nachdrucke derselben auf das empfindlichste eingenommen werden.

...

Ich komme nunmehro auf die mittlere Schreibart. Diese muß insonderheit sinnreich, angenehm und fließend seyn. Sie muß die Zuhörer mehr ergetzen und vergnügen, als sie in eine allzuheftige Bewegung bringen, oder in einem allzutiefen Nachdenken hinterlassen.

...

Das Schöne und Natürliche dieser Schreibart aber besteht eigentlich darinnen, wenn die Melodie überaus deutlich, lebhaft, fließend, und doch scharfsinnig ist, wenn sie sich auf ungezwungene Art mancherley wohl ausgesonnener Zierrathen bedienet, wenn sie frey, ungezwungen und allemal neu ist. Die Harmonie muß die Melodie nur allein deutlicher und vernehmlicher machen; sie muß aber keinesweges hervorragen: denn das kömmt allein der Melodie zu.

...

Die niedrige Schreibart endlich entzieht sich allen sinnreichen und scharfsinnigen Auszierungen. Sie ist gleich, sie duldet wenig und nur mäßige Harmonie. Ihre Sätze sind allemal kurz, und erfordern fast gar keine Ausführung. Sie zeiget fast gar kein Feuer, sondern sie schleichet nur gleichsam in einer sanften, bequemen, und sich selbst ähnlichen und ruhigen Stille fort. Sie entfernet sich also von allen kühnen, neuen und sonderbaren Sätzen. Sie erwählet nur bekannte und gebähnte Wege.

Aus: Critischer Musikus, 13. Stück, Leipzig 1745, S. 124–129.

M4 Johann Georg Sulzer

Man pflegt in den Werken des Geschmacks die Materie, oder die Gedanken, von der Art sie vorzutragen, oder darzustellen, zu unterscheiden, und das letztere den Styl, oder die Schreibart zu nennen. Aber es ist schwer, genau zu bestimmen, was in jedem Werk zu den Gedanken, oder zur Schreibart gehöre, und daher auch schwer zu sagen, worin eigentlich die Schreibart bestehe. Daß beym Schriftsteller nicht blos der Ausdruck, oder die Wörter, ihre Verbindung, ihr Ton und die daraus zusammengesetzten längern oder kürzern Einschnitte und Perioden, sondern auch ein Theil der Gedanken zur Schreibart gerechnet werden müsse, wird jedermann zugeben; und eben so rechnet man zum Styl des Malers nicht blos seine besondere Art der Zusammensetzung, Zeichnung und Farbengebung, sondern auch etwas von dem Materiellen des Gemäldes...
Indem der Künstler ein Werk verfertiget, bemühet er sich, gewisse Vorstellungen, die er hat, das ist, einen gewissen Gegenstand andern darzustellen. Indem er aber dieses thut, schildert er in dem Gegenstand auch sich selbst, die ihm eigenthümliche Art, die Sachen anzusehen, zu begreifen und zu empfinden, oder wenigstens die, die ihm bey der Arbeit nach seiner Gemüthslage eigen ist. Das besondere Gepräge, das dem Werk von dem Charakter und der, allenfalls vorübergehenden Gemüthsfassung des Künstlers eingedrükt worden, scheinet das zu seyn, was man zur Schreibart, oder zum Styl rechnet.

Aus: Allgemeine Theorie der schönen Künste, 4. Teil, Leipzig 1794, S. 328/329.

M5 Johannes Volkelt

Spricht man von Stil, so hat man immer vor Augen einerseits eine Vielheit von Fällen, von Gliedern, überhaupt von individuellen Erscheinungen und andererseits ein in ihnen sich gleichbleibendes Formgepräge. Soll die Aufmerksamkeit auf den Stil gelenkt werden, so gilt es, von den wechselnden individuellen Formunterschieden abzusehen und das darin beharrende Formgefüge zu beachten. Mit anderen Worten: Stil ist ein einheitliches Gepräge, Einheit der Gestaltung in der Vielheit der individuellen Gestaltungsunterschiede... Sieht man von dem Merkmal des eine Vielheit von Fällen einheitlich Zusammenfassenden ab, so deckt sich der Stilbegriff vollständig mit dem Begriff der künstlerischen Form überhaupt.

Aus: Der Begriff des Stils, in: Zs. f. Aesthetik und allgemeine Kunstwissenschaft 8, Stuttgart 1913, S. 209, 212.

M6 Guido Adler

Den Stil erkennen wir aus der einheitlichen Erfassung eines Kunstwerkes, ferner aus der Vergleichung mit Erzeugnissen seiner Zeit, der umgebenden Schulen und Richtungen in Gegenwart und Vorgängerschaft. Notwendig ist die Erforschung des Ausdruckscharakters im Zusammenhalt mit der Persönlichkeit des Künstlers und der Gemütsstimmung seiner Zeit, ferner die Bestimmung, für die das Werk geschaffen... und endlich der spezifisch künstlerischen Qualitäten der äußeren Erscheinung, die natürlich mit den inneren Eigenschaften auf das innigste zusammenhängen... Dies alles umfaßt die Gesamtauffassung des Stiles eines Werkes, einer Gattung, einer zeitlichen oder örtlichen Gruppe von Werken (einer Schule), ferner der künstlerischen Arbeit eines Meisters (in verschiedenen Etappen). Der Stil durchdringt das Ganze, wie die Teile, bedingt und offenbart die einheitliche Erscheinung in Form und Ausdruck.

Aus: Der Stil in der Musik, Leipzig 1911, S. 11/12.

M7 „Deutsches Wörterbuch" der Brüder Grimm

Stil wird seit dem ersten Drittel des 17. Jahrhunderts für die musikalische Darstellungsweise, d.h. für die Art und Weise der musikalischen Komposition und des musikalischen Vortrags gebraucht...

1. Zunächst in engstem Wort- und Sachanschluß an it. stile, vornehmlich für die Kompositions- und Vortragsweise des aus Italien entlehnten Sprechgesangs, des Rezitativs...
2. In Anwendung auf die verschiedensten musikalischen Ausdrucksformen zur Kennzeichnung bestimmter Gattungen oder Richtungen wie zur Charakterisierung persönlicher Ausdrucksweise...
   a) als fachsprachliche Bezeichnung der durch Aufführungsraum und Verwendungszweck bestimmten Kompositionsart der Kirchen-, Theater-, Kammermusik...
   b) als die einer Generation, einer Epoche, einer Kulturperiode eigentümliche Darstellungsart...
   c) zur Charakterisierung der nach Völkern oder auch Schulen unterschiedenen musikalischen Darstellungsweise...
   d) als die durch eine Einzelpersönlichkeit geprägte, ihr charakteristisch zugehörige Ausdrucksform...
   e) andererseits mit solchen Beiwörtern, die Stil als objektiv-stoffliche Ausdrucksform bestimmen.
3. Das 18. Jahrhundert hindurch wird der musikalische Stil im Sinne von 2 weithin in

sprachlicher Analogie zur literarischen Darstellungsweise als „Schreibart“ aufgefaßt und mit diesem Wort synonym gebraucht...

4. Gelegentlich wird Stil nur von der Art und Weise des musikalischen Vortrags verstanden.

Aus: Grimm: Deutsches Wörterbuch, Bd. 18, Leipzig 1941, Sp. 2921–2924.

M8 **„Die Musik in Geschichte und Gegenwart“**

Der Stil einer Komposition ist eine unterscheidende Eigenschaft, die die Eigenart der Kräfte, welche eine Musik gestaltet haben, darstellt... Da man unter ‚Stil‘ die charakteristische Eigenart einer Musik versteht, muß er von Form, Technik, Material, Inhalt und Gattung, also ihrem äußeren, technischen, physischen, psychologischen und sozialen Aspekt unterschieden werden. Der Stil steht mit ihnen allen in Beziehung, denn er stellt die charakteristische Art dar, in der sie alle verbunden sind. So ist der Stil zum Teil eine Sache der Stimmigkeit, der gegenseitigen Entsprechung von Form, Material, Inhalt und Funktion; aber, tiefer erfaßt, ist er ein Abbild des menschlichen Strebens, das hinter dem musikalischen Werk steht. – ... In rein objektivem Sinn kann ein Stil durch seine konkreten strukturellen Eigenarten beschrieben werden; jede Komponente der musikalischen Form kann zum stilistischen Kriterium werden.

Aus: MGG, Bd. 12, Kassel 1965, Sp. 1302–1303, Artikel „Stil“ (Edward A. Lippman, Übers. von Eva Ultsch).

Arbeitsmöglichkeiten und Anregungen

1. Versuchen Sie eine eigene Definition des Begriffes „Stil“ zu finden.
2. Vergleichen und diskutieren Sie Ihre Lösungen miteinander.
3. Vergleichen Sie die Quellentexte (M1–M8) und arbeiten Sie die verschiedenen Bereiche heraus, auf die sich Stil hier beziehen läßt.
4. Vergleichen Sie die Bedeutung des Stilbegriffs in der Musik mit dem in anderen Disziplinen (Literatur, Kunstgeschichte).
5. Wie erklären und beurteilen Sie die Tatsache, daß bis ins 19. Jahrhundert die Bezeichnung Stil (stile/stylus) gleichbedeutend war mit „genere“ (Gattung), „maniera/Manier“, „usanza“ (Gepflogenheit), „Schreibart“?

„What makes the clock tick?“

Nichts erscheint selbstverständlicher und unauffälliger als das regelmäßige Ticken einer Uhr. Wir hören es erst, wenn es aufgehört hat. Dies ist paradox. Warum nehmen wir diese Änderung überhaupt wahr, deren Wesen darin besteht, daß das Ticken verstummt, also nicht mehr wahrgenommen werden kann? Und weiter: Nichts erscheint uns so selbstverständlich und natürlich wie die allmählichen Veränderungen, die sich im Laufe der Geschichte in Wissenschaft und Technik, in Kunst und Alltag vollziehen. Und auch hier wird das scheinbar Einfache erst schwierig, wenn wir danach fragen, was denn eigentlich den Wandel hervorruft. Es gibt ganz unterschiedliche Theorien, mit deren Hilfe einzelne Wissenschaftler versucht haben, die Entstehung des Neuen, den Wandel der Stile zu erklären.

Der Musikhistoriker Guido Adler (1855–1941) glaubte, daß die Entwicklung von Stilen inneren Gesetzen folge und genauso verlaufe wie die Entwicklung von lebendigen Organismen, sie also Stadien des Entstehens, der Hochblüte und des Verfalls aufweisen *(Organismus-Modell)*. Die Vorstellung organischen Wachsens und Vergehens liegt auch seinem Konzept der Musikgeschichtsschreibung zugrunde. Diese Sichtweise beruht auf dem Vorurteil vom Vorrang einer Epoche (der mittleren, „klassischen"), dergegenüber die vorangehende Vorbereitung, die nachfolgende Verfall bedeutet.

M9

9.1 Der Stil einer Epoche, einer Schule, eines Künstlers, eines Werkes entsteht nicht zufällig, als bloße Zufallsäußerung des darin zutage tretenden Kunstwollens, sondern basiert auf Gesetzen des Werdens, des Auf- und Abstiegs organischer Entwicklung. Die Tonkunst ist ein Organismus, eine Pluralität von Einzelorganismen, die in ihren Wechselbeziehungen, in ihrer Abhängigkeit voneinander ein Ganzes bilden... Die Entwicklung der Musik vollzieht sich nach inneren Notwendigkeiten, bei denen die äußeren Zufälligkeiten eine kaum übersehbare und manchmal tiefgreifende Einwirkung haben. Der Aufgang einer Stilrichtung und sein Niedergang lassen sich beschleunigen oder verzögern, wie das Stadium der Hochblüte verbreitern oder abkürzen, allein an dem organischen Fortgang läßt sich nichts ändern, aus der inneren Not entstehen die Genies wie Kunst überhaupt...
Wandel und Wechsel sind im Leben, in Natur und Kunst unvermeidlich, geradezu notwendig bei aller Unwandelbarkeit der Grundgesetze. Diese Grundgesetze erschließen sich bei der Betrachtung und Festlegung der einzelnen Stilarten in ihrem Zusammenhang. Ein solcher besteht in scheinbar einander entgegenstehenden Stilepochen, die Fäden werden fortgesponnen, erhalten andere Färbung, andere Stärke, werden zu Geflechten verschiedenster Art verwendet.

Aus: Guido Adler: Der Stil in der Musik, Leipzig 1911, S. 13, 26/27.

9.2 Bei dem Verfolg von Entstehen, Blüte und Niedergang einer Stilrichtung wird das zeitliche Mittelglied das Hauptvergleichsmoment bilden. Die Stilkriterien werden von dieser Mittelgruppe aus angelegt werden... Dabei können und müssen die Vorstadien und Ausläufer in ihrer historischen Bedeutung und Wichtigkeit erkannt werden, auch wenn sie in einzelnen bestimmenden Stilkriterien abweichen.

Aus: Guido Adler: Methode der Musikgeschichte, Leipzig 1919, S. 20/21.

Der Schweizer Kunsthistoriker Heinrich Wölfflin (1864–1945), der sich im wesentlichen mit dem Übergang von der Renaissance zum Barock beschäftigt hat, erklärte Stilwandel dadurch, daß neue Anschauungsformen und Vorstellungsweisen des Menschen diesen auch zu neuen Darstellungsformen führen. In der Weise, wie der Künstler die Wirklichkeit neu oder anders sieht, sucht er auch nach neuen oder anderen Mitteln der Darstellung und Gestaltung seiner Wirklichkeitserfahrung und Weltvorstellung. Diesen Gedanken hat jüngst Fritjof Capra im Zusammenhang einer zeitkritischen Analyse der Gegenwart wieder aufgegriffen.

M10

10.1 Wo liegen die Wurzeln des Barockstils? Angesichts dieser gewaltigen Erscheinung, die sich darstellt wie eine Naturmacht, unwiderstehlich, Alles vor sich niederwerfend, fragt man erstaunt nach Ursache und Grund. Warum hat die Renaissance aufgehört? Warum folgt eben dieser Barockstil?

Die Wandlung erscheint als eine durchaus nothwendige: ferne bleibt jeder Gedanke, als hätte die Willkür eines Einzelnen, die sich einmal im Nie-dagewesenen befriedigen wollte, dem Stil seinen Ursprung gegeben. Wir haben es nicht mit Experimenten einzelner Architecten zu thun, von denen der Eine es auf diese, der Andere auf jene Art probirte, sondern mit einem *Stil*, dessen wesentlichstes Merkmal die Allgemeinheit des Formgefühls ist. Von vielen Punkten aus sehen wir die Bewegung entstehen; hier und dort wandelt sich das Alte, die Veränderung greift um sich und schließlich kann nichts mehr dem Strome widerstehen: der neue Stil ist geworden. Warum mußte es so kommen?
Man kann mit dem Hinweis auf das Gesetz der *Abstumpfung* antworten... Die Formen der Renaissance haben ihren Reiz verloren, ... das erschlaffte Formgefühl verlangt nach einer Verstärkung des Eindruckes. Die Architectur giebt diese Verstärkung und wird damit barock.
Dieser Theorie der Abstumpfung stellt sich eine andere entgegen, die in der Stilgeschichte ein Abbild der Veränderungen im menschlichen Dasein erblicken will.
Der Stil ist für sie Ausdruck seiner Zeit, er ändert sich, wenn die Empfindungen der Menschen sich ändern. Die Renaissance mußte absterben, weil sie den Pulsschlag der Zeit nicht mehr wiedergab, nicht mehr das aussprach, was die Zeit bewegte, was als das Wesentliche empfunden wurde.

Aus: Heinrich Wölfflin: Renaissance und Barock, München 1888, S. 58/59.

10.2 Wir stoßen hier an das große Problem, ob die Veränderung der Auffassungsformen Folge einer inneren Entwicklung ist, einer gewissermaßen von selber sich vollziehenden Entwicklung im Auffassungsapparat, oder ob es ein Anstoß von außen ist, das andere Interesse, die andere Stellung zur Welt, was die Wandlung bringt. Das Problem führt weit hinaus über das Gebiet der beschreibenden Kunstgeschichte und wir wollen nur andeuten, wie wir uns die Lösung denken.
Beide Betrachtungsweisen scheinen zulässig, d. h. jede für sich allein [ist] einseitig. Gewiß hat man sich nicht zu denken, daß ein innerer Mechanismus automatisch abschnurrt und die genannte Folge von Auffassungsformen unter allen Umständen erzeugt. Damit das geschehen kann, muß das Leben in einer bestimmten Art erlebt sein. Die menschliche Vorstellungskraft aber wird immer ihre Organisation und ihre Entwicklungsmöglichkeiten in der Kunstgeschichte geltend machen. Es ist wahr, man sieht nur, was man sucht, aber man sucht auch nur, was man sehen kann. Zweifellos sind gewisse Formen der Anschauung als Möglichkeiten vorgebildet: ob und wie sie zur Entfaltung kommen, hängt von äußeren Umständen ab.

Aus: Heinrich Wölfflin: Kunstgeschichtliche Grundbegriffe, München ^{2}1917, S. 247.

10.3 In den regelmäßigen Prozeß von Aufstieg, Höhepunkt, Niedergang und Verfall, der charakteristisch für die kulturelle Evolution zu sein scheint, kommt es zum Niedergang, wenn eine Kultur zu sehr erstarrt ist – in ihren Technologien, Ideen oder ihrer gesellschaftlichen Organisation –, um mit den Herausforderungen der sich ändernden Verhältnisse fertigzuwerden...:

Schematische Darstellung der aufsteigenden und der verfallenden Kultur im gegenwärtigen Prozeß der kulturellen Umwandlung

Aus: Fritjof Capra: Wendezeit, Bern 1985, S. 473/474.

Der Literatursoziologe Levin Schücking hat den Stilwandel mit einem Geschmackswandel in Verbindung gebracht und die These aufgestellt, daß ein neuer Geschmack sich an ein neues Publikum wendet und von einer neuen sozialen Gruppe getragen wird *(Wandel der Geschmacksträgertypen)*.

M 11

Nicht der Geschmack wird in der Regel ein anderer und neuer, sondern andere werden Träger eines neuen Geschmacks. Unter diesen anderen ist bei sehr großen Geschmacksumwälzungen direkt eine andere soziale Schicht zu verstehen. Die Geschichte der Literatur lehrt das fast auf jeder Seite. Nur die Konstanz der sozialen Struktur verbürgt eine gewisse Konstanz des Geschmacks...

Zu einer wirklich klaren Auffassung der Verhältnisse gelangt man deshalb nur durch die Aufstellung von Geschmacksträgertypen. Sahen wir doch, daß nur eine haltlose Fiktion von einer bestimmten Zeit als derjenigen dieses oder jenes Dichters reden, d.h. den Geschmack an ihm oder seiner Richtung stillschweigend der Allgemeinheit zusprechen kann, zu deren geistigem Vertreter er damit gestempelt wird. Dadurch wird den Tatsachen Gewalt angetan. Offenbar bilden sich vielmehr gewisse Gruppen als führende Faktoren. Ihren Kern bilden die Geschmacksträgertypen. Es sind diejenigen, die mit ganzem Herzen bei der neuen Richtung sein müssen, weil sie auf diese Kunstrichtung abgestimmt sind. Sie erfüllen diejenigen Anforderungen in vollem Umfange, die sie an Kunst stellen. Diese Anforderungen bestimmen sich aber durch die Besonderheit ihrer ganzen Lebensanschauung und Lebenserfahrung. Das Kind ist heute – um das einfachste Beispiel zu nennen – in diesem Sinne der Geschmacksträgertyp für das Märchen. Zumeist indes verkörpern die Geschmacksträgertypen ein gut Teil des Milieus, aus dem die neue Richtung hervorgegangen ist. Für soziologisch unkomplizierte Zeiten liegt es zum mindesten auf der Hand, daß sie vorzugsweise derselben Schicht angehören werden, so daß man für die vergangenen Jahrhunderte verallgemeinernd etwa von dem Geschmacksträgertyp des Hofmannes oder des Aristokraten oder des Geistlichen eines bestimmten Schlages und ähnlichen Typen wird sprechen können. Aber auch später wird man den Typ noch gelegentlich mit dem gebührenden Vorbehalt mit irgendeiner Berufsschicht identifizieren...

Die hier vorgetragene These ist also, daß die Kunst in ihren bestimmten Erscheinungsformen von gewissen Geschmacksträgertypen und das sich Durchsetzen dieser Gruppen wiederum davon abhängig sei, welche Potenz im sozialen Gefüge sie darstellen, genauer gesagt, wie weit sie den Mechanismus des Kunstlebens beherrschen.

Aus: Levin L. Schücking: Soziologie der literarischen Geschmacksbildung (1923), Bern [3]1961, S. 85, 88, 92.

Der amerikanische Kunsthistoriker James Ackerman möchte Stilwandel weniger als geschichtliche Notwendigkeit aufgrund äußerer, gesellschaftlicher Einflüsse erklären als ihn vielmehr der schöpferischen Fantasie einzelner Künstler zuschreiben („to explain change in style as the manifestation rather of the imagination of individual artists than of historical forces").

Für seine Idee von vielen gleichzeitig verlaufenden und miteinander verschlungenen, miteinander konkurrierenden Entwicklungssträngen („the image of confluent and concurrent styles") entwirft er ein sehr anschauliches Bild.

M12

Wir könnten uns Stil als eine große Leinwand vorstellen, auf der Generationen von Malern gemalt haben. Der erste entwirft ein Bild, spätere übernehmen etwas davon, wischen manches weg und fügen eigenes hinzu. Die nächsten verfahren ebenso etc. In jedem Augenblick dieses Vorganges haben wir zwar ein vollständiges Gemälde vor uns, aber man kann doch nicht voraussagen, wie es aussehen wird, wenn der nächste Maler seinen Beitrag dazu geleistet hat. Am Ende, wenn einige Künstler bereits mit einem neuen Gemälde begonnen haben, wird das alte schließlich aufgegeben. Man kann nun aber weder sagen, daß das fertige Bild, an dem alle Künstler beteiligt waren, die künstlerische Absicht der ersten verwirklicht habe, noch daß es die Lösung des Problems darstelle, das der erste von ihnen vorgegeben hat.

Aus: James Ackerman: A Theory of Style, in: The Journal of Aesthetics and Art Criticism 20, 1961/62, S. 232 (Übers. vom Verf.).

Diese Vorstellung entspricht dem, was man als die „Gleichzeitigkeit des Ungleichzeitigen" beschrieben hat, also der Erscheinung, daß Entwicklungen nicht einfach aufeinander folgen, sondern daß sich die Entwicklungsströme überschneiden und überlagern, daß verschiedene Stilformen durchaus gleichzeitig nebeneinander bestehen können. Hierfür hat man gelegentlich auch das Bild einer Partitur mit Haupt- und Nebenstimmen gewählt. So kann ein Stilwandel dadurch erklärt werden, daß eine Randerscheinung – aus welchem Grund auch immer – plötzlich eine führende Rolle übernimmt.
Heinrich Besseler hat eine solche Hypothese für die „neue" Musik des 15. Jahrhunderts aufgestellt. Danach wäre die damals neue Satztechnik nichts anderes gewesen als die künstlerische Verwendung der volkstümlichen Technik des sogenannten „Fauxbourdon", beruhte also darauf, daß eine bereits vorhandene triviale Praxis aufgegriffen und verfeinert wurde. Stilwandel wäre danach der Funktionswandel, bei dem Nebenströmungen zu Hauptströmungen werden.

Der amerikanische Wissenschaftstheoretiker und Naturwissenschaftler Thomas S. Kuhn führt die Entstehung des Neuen auf sogenannte *„Paradigmenwechsel"* zurück. Zu Paradigmen (englisch: paradigm = Musterbeispiel, z. B. in der Grammatik das Musterbeispiel für eine Deklination) können solche wissenschaftlichen oder künstlerischen Leistungen werden, die ein bisher gültiges Denkmodell (z. B. in der Physik oder Biologie) außer Kraft setzen und so unser gesamtes Weltbild verändern. Solch innovative Leistungen, die den bisherigen Kenntnisstand übersteigen, erzeugen neue Leitbilder, an denen sich dann unser Denken und Handeln in der Folge orientiert.
So könnte man in der Musik die harmonische Erweiterung der Tonalität durch Richard Wagner in seiner Oper „Tristan", die Entwicklung der 12-Ton-Technik durch Arnold Schönberg als ein Paradigma bezeichnen, das die Entwicklung der Kunst nachhaltig beeinflußt und den Stil der Zeit wesentlich geprägt hat.

M13

Paradigmen sind nicht vollständig mit Theorien gleichzusetzen. Im Grunde sind es anerkannte konkrete Beispiele wissenschaftlicher Leistungen, wirkliche Problemlösungen, die die Wissenschaftler sorgfältig studieren und für ihre eigene Arbeit zum Vorbild nehmen. Wenn der Begriff des Paradigma für den Kunsthistoriker von Nutzen sein kann, dann sind Bilder und nicht Stile die Paradigmen. Daß die Parallele so gezogen wird, könnte sich als wichtig erweisen, denn ich sehe, daß die Probleme, die mich veranlaßten, nicht mehr von Theorien, sondern von Paradigmen zu sprechen, fast genau dieselben sind, die bei Kubler zur Ablehnung des Stilbegriffs führen. „Stil“ wie auch „Theorie“ sind Ausdrükke zur Beschreibung einer Gruppe von Werken mit erkennbarer Ähnlichkeit. (Sie sind „im gleichen Stil gehalten“ oder „Anwendungen der gleichen Theorie“.)

Aus: Thomas S. Kuhn: Die Entstehung des Neuen, Frankfurt am Main 1977, S. 459/460.

Arbeitsmöglichkeiten und Anregungen

1. Vergleichen Sie diese Theorien zur Erklärung des Stilwandels miteinander (M9–M13) und arbeiten Sie die zentralen Aussagen heraus.
2. Versuchen Sie, die Erklärungsmodelle auf Ihnen bekannte musikalische Fälle anzuwenden. Welche Vorstellungen und Argumente erscheinen Ihnen dabei plausibel, welche würden Sie zurückweisen?

Musik „im alten Stil“

Wir sind vom Fall einer Kunstfälschung ausgegangen, um daran einige grundsätzliche Überlegungen zum Begriff des Stils und seiner Funktion und Bedeutung in der Musik anzuknüpfen. Denn es ist ja eine interessante oder zumindest merkwürdige Tatsache, daß Stilepochen und die mit ihnen verbundenen ästhetischen Normen vergehen, daß aber die Werke, die sie verkörpern oder denen sie sich verdanken, lebendig bleiben. Diese Erfahrung veranlaßte den Naturwissenschaftler Thomas S. Kuhn zu fragen, „was an die Stelle von ‚richtig‘ und ‚falsch‘ in einer Ideologie tritt, die eine Tradition für tot, aber ihre Werke für lebendig erklärt“[1].

Häufig haben Komponisten bewußt frühere oder fremde Stilmittel in ihren Werken aufgegriffen oder ganze Werke in einem bestimmten Stil geschrieben und dies im Titel zum Ausdruck gebracht:

Giovanni Frescobaldi:	„Canzoni alla francese“ (1645)
Joh. Seb. Bach:	„Concerto nach italiänischen Gusto“ (1735) Clavier-Übung II. Teil
Franz Liszt:	„Heroischer Marsch im ungarischen Stil“ (1840)
Max Reger:	„Suite im alten Stil“ op. 93 (1906, Orchesterfassung 1916)

Dabei sind ganz offensichtlich die musikalischen Absichten und Gründe, die zur Übernahme fremder Stile geführt haben, sehr verschieden. Frescobaldi verweist lediglich auf den äußeren Umstand der Vorlage französischer Chansons; Bach schreibt ein Concerto, in welchem er den Typus des italienischen Concerto grosso auf das Clavier (Cembalo) anwendet; Liszt läßt mehr die patriotische Funktion nationaler (folkloristischer) Elemente in seinem Marsch erkennen, und Reger knüpft ganz bewußt und nachdrücklich an die Tradition des im alten Sinne „alten“, d. h. strengen kontrapunktischen Stils an. Der Bezug auf einen älteren oder anderen Stil kann im Sinne einer Reverenz gegenüber einem Komponisten oder einer Zeit erfolgen, aber auch im Sinne eines reinen Zitats, einer Parodie oder auch als musikalische Assoziation oder Allusion (d. h. als stimmungsmäßige Anspielung auf Bekanntes).

1 Thomas S. Kuhn: Die Entstehung des Neuen, Frankfurt am Main 1977, S. 454.

Arbeitsmöglichkeiten und Anregungen

1. Wie beurteilen Sie die Verwendung früherer Stilformen oder Stilmittel in einer späteren Zeit? Nehmen Sie zu den möglichen Funktionen Stellung, die ein solcher Rückgriff erhalten kann.
2. Versuchen Sie, andere Werke zu finden, die ebenfalls auf einen Ihnen fremden Stil Bezug nehmen. Worin besteht dieser Bezug? Welche Funktion und Bedeutung erhält er in dem Stück?
3. Vergleichen Sie Regers „Suite im alten Stil“ op. 93 und Strawinskys Concerto in Es („Dumbarton Oaks“) mit Bachs 3. Brandenburgischen Konzert. Worin bestehen die stilistischen Anleihen? Was lassen sie über den ästhetischen Standort der Komponisten erkennen? Diskutieren Sie die Verfahren bei Reger und Strawinsky unter der Frage, ob es sich dabei um eine Stilkopie, eine Stilparodie oder ein Plagiat handelt.

Erstes Beispiel: Stilwandel um 1910

„Wir stehen in der Thür einer der größten Epochen, die die Menschheit bis jetzt erlebt hat, der Epoche des Großen Geistigen." Diese Sätze stehen am Anfang des Vorwortes, das der Maler Wassily Kandinsky für den Almanach „Der Blaue Reiter" 1911 entworfen hatte. Ihr Pathos läßt etwas von der ungeheueren Auf- und Umbruchsstimmung ahnen, die zu Beginn des 20. Jahrhunderts herrschte und die zu Erneuerungsbewegungen führte, die alle Lebensbereiche erfaßte: die Architektur (Bauhaus), die Malerei (verschiedene Künstlervereinigungen wie „Die Brücke", „Der Blaue Reiter" etc.), die Literatur (Arno Holz, Stefan George, Hugo Ball, James Joyce), den Ausdruckstanz (Mary Wigman), die Weltanschauung (Theosophie, Anthroposophie), die Pädagogik (Reformschulen), die allgemeine Lebensweise (Reformbewegungen in Ernährung, Körperbewußtsein, Gymnastik, Gesundheitspflege), die Volkslied- (Wandervogel), Sing- und Jugendbewegung und natürlich auch die Musik (Schönberg und die sog. „Zweite Wiener Schule"). Gemeinsam ist allen Erneuerungsbewegungen die Abwendung vom rein Materiellen und die Suche nach geistigen Antworten auf die Herausforderungen der Zeit, die sich zunehmend am technischen Fortschritt orientierte. So lassen sich zwei in ihrer Tendenz grundverschiedene, aber aus der gleichen Reaktion auf das Bestehende kommende Haltungen unterscheiden: zum einen die „avantgardistische Revolte" (Danuser) des Dadaismus und Futurismus, die die schockierende Wirkung gestalteter Sinnlosigkeit *(Dadaisten)* als Protest gegen das Bestehende einsetzten oder die Verherrlichung von Technik und technischem Fortschritt *(Futuristen)* zum Programm erhoben; und zum anderen der Rückzug in die Innenwelt des Geistigen derer, die den Begriff der Kunst und des Kunstwerkes bewahrten, aber Material und Verfahren und damit Aussage und Wirkung der Kunst revolutionierten. Bestimmend ist dabei immer das Bewußtsein von der „inneren Notwendigkeit" zum Aufbruch aus den Trümmern des Alten.

„... noch liegt das weite Land voll Trümmer, voll alter Vorstellungen und Formen, die nicht weichen wollen, obwohl sie schon der Vergangenheit gehören. Die alten Ideen und Schöpfungen leben ein Scheinleben fort, und man steht ratlos vor der Herkulesarbeit, wie man sie vertreiben und freie Bahn schaffen soll für das Neue, das schon wartet.

Die Wissenschaft arbeitet negativ, au détriment de la religion[1] – welches schlimme Eingeständnis für die Geistesarbeit unserer Zeit.

Wohl fühlt man, daß eine neue Religion im Lande umgeht, die noch keinen Rufer hat, von niemand erkannt.

Religionen sterben langsam.

Der Kunststil aber, der unveräußerliche Besitz der alten Zeit, brach in der Mitte des 19. Jahrhunderts katastrophal zusammen. Es gibt seitdem keinen Stil mehr... Was es an ernster Kunst seitdem gegeben hat, sind Werke Einzelner; mit ‚Stil' haben diese gar nichts zu tun, da sie in gar keinem Zusammenhang mit dem Stil und Bedürfnis der Masse stehen und eher ihrer Zeit zum Trotz entstanden sind."[2]

In dem großen Nachdruck, der auf die Erneuerung des künstlerischen Denkens gelegt wird, ist dieser Stilwandel am ehesten dem beim Eintritt in ein neues Denken und Weltverständnis um 1600 (vgl. S. 109) vergleichbar. Auch wenn es gerade nach 1900

1 Zum Schaden der Religion.
2 Franz Marc: Zwei Bilder, in: Der Blaue Reiter, München 1912, S. 9f.

schwierig ist, eine Kunstrichtung – Musik – isoliert zu betrachten, wollen wir doch zunächst danach fragen, was denn das Neue in der Musik sei, das sich so revolutionierend Bahn gebrochen und das gesamte kompositorische Denken dieses Jahrhunderts bestimmt hat.

Ein Skandal

Am 31. März 1913 fand im Großen Musikvereinssaal in Wien ein Konzert mit Werken von Anton von Webern, Alexander von Zemlinsky, Arnold Schönberg, Alban Berg und Gustav Mahler statt, das als „Watschenkonzert" zweifelhafte Berühmtheit erlangte. Über den unglaublichen Skandal, den die Musik Schönbergs, vor allem aber die seiner Schüler Webern und Berg verursachte, berichtet das „Neue Wiener Tagblatt" am 1. 4. 1913:

M 1 **Großer Skandal im Musikvereinssaal**

RAUFSZENEN IN EINEM KONZERTE JUNGWIENER KOMPONISTEN

Im großen Musikvereinssaale spielte sich gestern abend ein Skandal ab, wie ein solcher noch nie in Wien erlebt worden ist. Man geht wohl nicht fehl, wenn man die Behauptung aufstellt, daß Szenen, wie man sie gestern mitgemacht hat, sich nicht nur nicht in Wien, sondern gewiß auch noch nie im Konzertsaale einer anderen Kulturstadt ereignet haben. Um es gleich zu sagen: Es geschah zum erstenmal, daß in einem Konzertsaale Prügeleien stattfanden, daß ein Konzertbesucher angesichts des ganzen Publikums von einem Konzertveranstalter geohrfeigt wurde.

Es ist tief bedauerlich, daß der Terrorismus in Kunstdingen in Wien schon so weit gediehen ist, daß die Gegensätze der Meinungen durch Tätlichkeiten kundgegeben werden. Die gestrigen Vorgänge sind ein Spiegelbild unserer allseits vergifteten Kunstzustände. Die Verwilderung, die hier eingerissen ist, kann unmöglich mehr weitere Fortschritte machen. Es ist gewiß ein schönes Vorrecht der Jugend, für strittige Neuerscheinungen mutig in den Kampf zu gehen, allein der Kampf darf nicht zur Schlacht ausarten, die Minorität darf nicht vergewaltigt werden...

Als Dirigent der gestrigen Veranstaltung fungierte Arnold Schönberg, der mit seiner vor einigen Jahren aufgeführten Kammersymphonie auch als Komponist vertreten war...

Gleich zu Beginn, nach dem ersten Stück, erscholl lautes Gelächter, dem sofort eine Applaussalve folgte...

Vier schöne Orchesterlieder von Zemlinsky wurden widerspruchslos aufgenommen. Nun folgte die Kammersymphonie Schönbergs, die von der Mehrzahl der Anwesenden mit Beifall quittiert wurde, gleichwohl bildeten sich jetzt schon erregte Gruppen, die in lautem Für und Wider das Werk besprachen. Bloß auf der zweiten Galerie verschärften sich die Gegensätze in so vehementer Weise, daß es zu einem Handgemenge kam und die Polizei eingreifen mußte. Die Luft war also schon genügend mit Elektrizität geladen, als wieder ein Werk eines Jungwiener Komponisten an die Reihe kam. Mitten drin in diesem Stück erhob sich Gelächter im Publikum. Dies irritierte Schönberg, der dirigierte; er wendete sich um und apostrophierte die Anwesenden mit den Worten:

„Ich bitte diejenigen, die nicht ruhig sein können, den Saal zu verlassen!"

Schönberg begann das Stück von neuem, aber das Gelächter verstummte nicht, wurde vielmehr lauter. Nun wendete sich der Dirigent wieder an das Publikum, in den Saal rufend:

„Wenn ich noch einmal gestört werde, werde ich veranlassen, daß die Betreffenden mit Gewalt hinausgeführt werden!"

AKADEMISCHER VERBAND FÜR LITERATUR UND MUSIK IN WIEN

Montag, den 31. März 1913, ½8 Uhr abends
im grossen Musikvereinssaal

ORCHESTER-KONZERT

Dirigent: ARNOLD SCHÖNBERG

Orchester des Wiener Konzertvereins

Gesang: A. Boruttau, Margarete Bum, Maria Freund

1. ANTON VON WEBERN: Sechs Stücke für Orchester op. 4*
2. ALEXANDER VON ZEMLINSKY: Vier Orchesterlieder nach Gedichten von Maeterlinck
   Margarete Bum
3. ARNOLD SCHÖNBERG: Kammersymphonie op. 9 in einem Satz
4. ALBAN BERG: Zwei Orchesterlieder nach Ansichtskartentexten von Peter Altenberg (aus einem Zyklus)
   Alfred J. Boruttau
5. GUSTAV MAHLER: Kindertotenlieder*
   Maria Freund

* Die einzelnen Teile bilden ein einheitliches Ganzes und es muss daher die Kontinuität (auch durch Hintanhaltung von Beifallsbezeugungen u. dgl.) aufrecht erhalten werden.

PREIS DES PROGRAMMES 30 HELLER

Programm des von Schönberg am 31. März 1913 in Wien dirigierten Skandalkonzerts. Die 6 Orchesterstücke A.v.Weberns „op. 4" wurden später in „op. 6" umnumeriert.

Mit Mühe und Not wurde das zweite Stück zu Ende gebracht. Jetzt gab es aber keinen Zwang mehr, ein wüster Lärm brach los, man sah heftig gestikulierende und schreiende Menschen, es hatte sich sämtlicher Konzertbesucher eine solche Erregung bemächtigt, daß alle guten Formen vergessen waren.
In dem allgemeinen Lärm, der sich aus Zischen, Johlen, Pfeifen und Applaus zusammensetzte, hörte man plötzlich aus der Loge der Vereinsleitung, aus dem Munde eines der aufgeführten Komponisten:
„Ruhe, zum Teufel noch einmal! Hinaus mit der Bagage!" Und ein anderer fügte hinzu: „Haltet das Maul!"

Unbeschreiblicher Lärm folgte diesen Worten. Der amtierende Kommissär trat in die Mitte des Saales und veranlaßte die Abführung einzelner Skandalmacher. Im Saale hatte sich jede Ordnung aufgelöst, die rückwärts Sitzenden strebten nach vorn, die vorn Sitzenden nach rückwärts, alles drängte gegen einander und man konnte nunmehr ahnen, daß es noch weit schlimmer kommen werde...
Den letzten Programmpunkt hätten die „Kindertotenlieder" von Gustav Mahler, diese tiefernsten, künstlerisch hochbedeutenden Gesänge, bilden sollen. Dazu kam es nun nicht mehr, denn der Skandal hatte solche Dimensionen angenommen, daß das Konzert abgebrochen werden mußte. Im Publikum zeigten sich zwei Parteien. Die eine verlangte energisch die Fortsetzung des Konzertes, die andre sprach auf das Orchester ein, Mahlers Andenken durch eine Aufführung unter solchen Umständen nicht zu schänden. In dem allgemeinen Lärm betrat nun der Verbandsobmann Herr Buschbeck das Podium und sagte:
„Bitte, wenigstens die Kindertotenlieder Mahlers mit der gebührenden Pietät anzuhören!"
„Das brauchen Sie uns nicht zu sagen, Mahler bedarf nicht Ihrer Patronanz!" und ähnliche Rufe tönten darauf zum Podium empor. Ein in der ersten Reihe stehender junger Mann rief unaufhörlich: „L...!" worauf Buschbeck vom Podium eilte und dem betreffenden jungen Mann eine Ohrfeige versetzte.

Aus: Neues Wiener Tagblatt vom 1.4.1913.

Auf eine derart heftige Ablehnung war neue Musik kaum je gestoßen. Der Grad der Irritation, den Weberns Orchesterstücke op. 6 und Bergs Altenberglieder, aber auch Schönbergs Kammersymphonie (s.u.) auslösten, ist nur damit zu erklären, daß diese Musik dem damaligen Geschmack und Musikverständnis vollkommen entgegenstand und ganz fremd erscheinen mußte; die Aggression aber, in die das Nicht-Verstehen-Können umschlug, ist erschreckend. Man glaubt die allgemeine Erregung noch zu spüren, wenn man bei einem anderen Chronisten liest, daß sich in die Klänge der Kammersymphonie von Schönberg „das wütende Zischen und Klatschen" und „die schrillen Töne von Hausschlüsseln und Pfeifen" mischten und daß die Aufforderung zu hören war, „daß man die Anhänger der mißliebigen Richtung der Musik nach Steinhof [= Wiener Irrenanstalt] abschaffen" solle.[1] Nur wenige Kritiker versuchten, das Vorgefallene besonnen zu analysieren.

M2 Richard Spechts Auseinandersetzung mit Schönberg

Was er [Schönberg] in durchaus begreiflicher Gereiztheit über jenen unseligen Abend aussagte, war widerspruchsvoll und richtig zugleich... Schönberg erklärt nämlich, daß ihn der Spektakel ganz kalt gelassen habe, weil er schon aus Selbsterhaltungstrieb seit langem gezwungen sei, sich gegen die Verdikte des Publikums zu immunisieren... Wenn ihm aber das Publikum so gleichgiltig, ja so verächtlich ist – warum wirbt er immer wieder in der Öffentlichkeit für sein Werk? Und hätte er, Hand aufs Herz, all jene Vorgänge auch dann für einen Rechtsbruch erklärt, hätte Herr von Webern auch dann das Hinausbefördern der „Bagage" verlangt, wenn ganz dieselbe „Bagage" durch spontanen Beifallssturm die Kontinuität der Musik zerrissen hätte?... Bei Schönbergs Schülern, bei Webern und Berg, liegt die Frage noch anders...
Ich kann mir vorstellen, wie beide zu ihren Aphorismen in Klängen gekommen sind. Beide scheinen übersensitive, höchst verfeinerte Musiker zu sein, auf die schon ein Ton allein

1 Wiener Tageszeitung, April 1913.

oder gar ein Akkord mit visionärer Kraft wirkt und denen daher dieser Ton oder diese Klangmischung unendlich viel mehr sagt als jedem andern. Sie bedürfen deshalb gar nicht mehr des melodischen oder des rhythmischen Elements, um das ihnen Immanente so auszudrücken, wie sie es empfinden. Daß sie mit alledem die Musik auf die Primitivität der Urzeiten zurückschrauben, wissen sie vielleicht selber nicht. Und vielleicht auch nicht, daß ihr Beginnen, in zehn, zwölf Takte einen Gedanken- oder Gefühlsinhalt pressen zu wollen, zu dem ein anderer eines Symphoniesatzes bedarf, gegen alles Gesetz der Kunst ist: nicht gegen das Schönheitsgesetz, sondern gegen ihr Lebensgesetz... Und noch eines: wo waltet hier das Formgefühl, das Schönberg in seinem glanzvoll in Geist und Temperament brennenden Harmonielehrbuch fordert und das er als das Entscheidende auch bei Vagem und Ungewissem anruft?

Aus dem April-Heft des „Merker", Wien 1930, zit. nach: Anton Webern. Eine Festschrift zum 100. Geburtstag, Wien 1983, S. 109–111.

Der Konzertskandal hatte mit der ganzen Wucht der emotionalen Reaktionen die Frage nach der Berechtigung des Neuen aufgeworfen. Und wir können uns hier noch am ehesten in die ästhetischen Voraussetzungen der Hörer dieser Zeit hineindenken und die Aufregung nachvollziehen, die neue Musik damals verursachte. Hervorstechendstes Kennzeichen war nach den monumentalen Sinfonien Mahlers und dem Riesenorchester bei Richard Strauss die aphoristische Kürze der Werke, gepaart mit ihrer gesteigerten Expressivität, und vor allem die Auflösung der Tonalität. Dadurch fehlte dem Musikhören eine ganz entscheidende Orientierungsmöglichkeit. Die Musik erschien nun wie eine Sprache, in der die Grammatik plötzlich außer Kraft gesetzt war.
Wenn Neues in Erscheinung tritt, gerät es zwangsläufig in Konflikt mit dem Alten. Die Neuartigkeit einer Idee oder eines Kunstwerks wird in dem Maße empfunden, wie diese gegen etablierte Muster und Werte verstoßen und sie durch andere ersetzen. Neu ist das Neue nur vor dem Hintergrund des altgewordenen Bestehenden. Da wir als Hörer aber nur das verstehen können, womit wir bereits Erfahrungen gemacht haben, was uns bis zu einem gewissen Grade schon vertraut ist, wird das Neue zunächst Verstehensschwierigkeiten bereiten, kann Neues bei seinem ersten Auftritt nicht gleich populär sein. Neue Werke erfordern vielmehr ein neues Hören und neue Verstehenszugänge.

M3 Offener Brief an den Komponisten Arnold Schönberg

Berlin 1912

Mein Herr! Als Sie noch in Wien ihr Dasein führten und man von Ihren Vergewaltigungen der Kunst nur durch Zeitungsberichte erfuhr, konnten Sie uns gleichgültig sein. Denn (offen gestanden) was gehen uns die Scharlatane an, die in Wien, der Stadt Haydns, Mozarts und Beethovens, jetzt ihr Wesen treiben? Wien, in welchem die Lust an der Sensation und nicht die Liebe zur Kunst herrscht, läßt uns völlig kalt. Erst als einige sensationslüsterne Künstler, um aus ihrem Nichts aufzutauchen, versuchten, Ihre Ku-Ku-Kunst (Verzeihung!) auch in Berlin einzuführen, wurde die Sache ernster. Irgendein Pianist, dessen Namen ich ganz und gar vergessen habe, spielte im vorigen Winter in der Singakademie Ihre „Drei Klavierstücke op. 11". Man lachte ihn aus, ein Zeichen, daß man Ihre Bemühungen, der Musik den Garaus zu machen, von der humoristischen Seite nahm. Dann führte Fried in der Gesellschaft der Musikfreunde Ihre symphonische Dichtung „Pelleas und Melisande" auf. Leute, denen die Musik etwas Hohes und Ernstes ist,

bekamen Bauchgrimmen und liefen hinaus. Alfred Kerr[1] und einige andere von der Pan-Clique[2] applaudierten. Damit war die Situation klar. Daß man Ihr Machwerk zu Ende spielen ließ und daß man nachher nicht hör- und fühlbar dagegen demonstrierte, liegt in der Zurückhaltung des Berliner Publikums begründet. Der an der Gleichgültigkeit des Publikums vermiedene Mißerfolg ermutigte nur einige Ihrer hiesigen „Anhänger" unter Führung des Meisters Busoni[3] und anderer Pan-Leute, Sie durch einen Aufruf in der Pan-Presse hieher zu berufen. Nun ja, es existieren hier so viele Jobber und Humbugmacher aller Fakultäten, daß es auf einen mehr schließlich nicht ankommt. Jetzt bemüht man sich aber, Ihre „Kompositionen" (verzeihen Sie dieses veraltete Wort) hier des öfteren vorzuführen. Und nun ist es Zeit, Ihnen die Wahrheit zu sagen.
Vor einigen Tagen spielte der Pianist Richard Buhlig Ihre drei Klavierstücke op. 11. Der Eindruck ist etwa folgender: Erst patscht ein Kind planlos auf dem Klavier herum, dann schlägt ein Betrunkener wie irr auf die Tasten und zum Schluß setzt sich jemand mit dem... auf die Klaviatur. So klingen Ihre Klavierstücke. Bei Buhlig waren nun die Aufnahmsmöglichkeiten andere als vor einem Jahre in der Singakademie. Diesmal war die Busoni-Clique (kenntlich an den Absonderlichkeiten ihres Gebarens, nicht etwa an Begabung) mit dem „Meister" an der Spitze erschienen und hielt den Saal besetzt. Diesmal nahm man Sie also ernst. Die einzigen, die das nicht getan haben, waren wohl Sie selbst und ich. Sie lachten jedenfalls im stillen darüber, daß es noch so viel Dumme gäbe, die Ihre durchsichtige Spekulation nicht durchschauen. Die den für ein Genie halten, der aus purer Unfähigkeit zu musikalischer Gestaltung heraus einen Vernichtungsfeldzug gegen die Musik unternimmt. Und ich lachte mit Ihnen. Aber die Sache hat auch ihre ernste Seite. Sie tragen mit Ihren Geistesexperimenten, mit Ihren antimusikalischen Dreistigkeiten dazu bei, den öffentlichen Kunstgeschmack zu verseuchen. Das fordert zu schärfstem Protest heraus. Gegen Leute Ihres Schlages ist nur Selbsthilfe am Platze. Die denkbar schärfste und deutlichste Ablehnung Ihrer Erzeugnisse wäre im Interesse der Kunst zu wünschen. Und ich werde es als meine schönste Aufgabe betrachten, Gaukler und Humbugmacher, wie Sie, in ihrer Jämmerlichkeit bloßzustellen und dem Publikum die Augen (und Ohren) darüber zu öffnen, trotzdem dies eigentlich gar nicht nötig sein sollte. Denn jedes Kind muß ja aus Ihrer „Musik" (Verzeihung! ich will Sie mit diesem Wort nicht beleidigen) Ihre vollkommene Unfähigkeit heraushören.
Also, Herr Schönberg, bei passender Gelegenheit einige gut funktionierende Hausschlüssel, ein paar von den beliebten Wurfgeschossen und eine kleine Sammlung, um Ihnen die schleunige Rückkehr nach Wien zu ermöglichen.
Mit diesen Wünschen verbleibe ich Ihr *Walter Dahms*

Zit. nach: Arnold Schönberg zum 50. Geburtstage, 13. September 1924. Sonderheft der Musikblätter des Anbruch, Wien 1924, S. 323/324.

1 Alfred Kerr (1867–1948), dt. Schriftsteller und Kritiker, der wegen seiner „bissigen" Kritiken gefürchtet war, zugleich aber eine Autorität in Kunstfragen darstellte.
2 „Pan" = kulturelle und politische Zeitschrift, Berlin 1910–1915.
3 Ferruccio Busoni (1866–1924), ital. Komponist und berühmter Pianist. In seinem „Entwurf einer neuen Ästhetik der Tonkunst" (Triest 1907) beschäftigt er sich mit einer Neuordnung des Tonsystems (Dritteltöne).

Arnold Schönberg: Selbstportrait (1911), Öl auf Pappe

„Kandinsky nahm am 18. Januar 1911 unter dem Eindruck eines Konzerts von Schönberg brieflichen Kontakt mit diesem auf. Daraus entstanden ein intensiver Briefwechsel und eine enge Freundschaft, die jedoch 1914 durch den Ausbruch des Ersten Weltkrieges und die Wegreise Kandinskys unterbrochen wurde. Aus der Zeit nach dem Krieg sind nur wenige und distanzierte Briefe erhalten.
Die gegenseitige Wertschätzung der beiden Künstler war zur Zeit des ‚Blauen Reiters' so hoch, daß die Aufnahme Schönbergs in den Almanach von Kandinsky geradezu zur Bedingung gemacht wurde. ‚Schönberg *muß* über deutsche Musik schreiben', steht in einem Brief Kandinskys vom 1. September 1911 an Marc." (Aus: Der Blaue Reiter, Ausstellungskatalog Bern 1986, S. 157.)
Schönbergs Selbstportrait ist ungewöhnlich in der Art der Darstellung der Rückansicht, kann aber als Sinnbild für die Situation des Komponisten in dieser Zeit gelten. Auffallend ist der schwere Vorhang links im Vordergrund. Farblich ist das Bild vollständig in trüben Grau-Braun-Tönen gehalten. Kandinsky bemerkte darüber, daß es mit dem sog. „Palettenschmutz" gemalt sei. „Und welches Farbenmaterial könnte er sonst wählen, um diesen starken, nüchternen, präzisen, knappen Eindruck zu erreichen?" (Ebd., S. 159.) [Vgl. die farbige Abbildung im Anhang.]

M4 Komposition um 1910

4.1 Anton von Webern (1883–1945): Erinnerung (1911/13)

IV.

4.2 *Gustav Mahler (1860–1911): X. Symphonie (1910)*

Adagio aus der X. Sinfonie, © 1964 Int. Mahler Gesellschaft.

Arbeitsmöglichkeiten und Anregungen

1. Die Lektüre und Analyse der beiden Zeitungsberichte im Anschluß an das Hören einiger Beispiele aus dem Programm des Skandalkonzertes gibt Anlaß, über folgende Fragen nachzudenken:
   1.1 Inwiefern kann man erwarten, daß sich das Publikum den Schwierigkeiten eines neuen Stils stellt?
   1.2 Wie eng ist ästhetische Toleranz der ästhetischen Gleichgültigkeit benachbart?
   1.3 Ist die Nicht-Beachtung des Publikumsgeschmacks ein Kennzeichen für Überheblichkeit, Gleichgültigkeit oder Weltfremdheit des Komponisten? Kann man sie vielleicht auch als Schutz vor „dem korrumpierenden Einfluß der Öffentlichkeit" (Berg) verstehen, damit der Künstler nur seinem inneren Ausdrucksbedürfnis folgen kann, selbst wenn seine Werke dann vom Publikum nicht angenommen und (noch) nicht verstanden werden?
   1.4 Was bereitet uns heute noch an dieser Musik Hörschwierigkeiten und welche Eigenschaften der Musik mußten 1913 als unerhört neu erscheinen?
2. Vergleichen Sie eines der 6 Stücke für Orchester op. 6 (1910) oder das 4. der Fünf Orchesterstücke op. 10 (1911/13) von Anton Webern mit dem Adagio aus Gustav Mahlers X. Sinfonie (1910). Erörtern Sie das Verstehensproblem.
3. Welches ist das Material der Mikroform in Weberns op. 10,4? Welche Rolle spielt darin die Klangfarbe? Welche Funktion übernehmen hier Tongruppen, ihre Beziehungen untereinander und ihre fortwährende Verwandlung?
4. Versuchen Sie, aus dem Selbstportrait Schönbergs (Abb. S. 29) etwas über die psychische und künstlerische Situation des Künstlers in der Zeit des Stilumbruchs um 1910 herauszulesen.

„... luft von anderem planeten ..."

Das 19. Jahrhundert war in den Künsten zu Ende gegangen in einer letzten Steigerung des Subjektiven mit seiner Verfeinerung und Überreizung der Sinne, im taumelhaften Sinnenrausch, der zugleich etwas von dem morbiden Glanz der Zeit erkennen läßt, die als „Décadence" charakterisiert worden ist. Nietzsche erklärte die europäischen Kulturerscheinungen als Erschöpfungszustand, Oswald Spengler sprach vom „Untergang des Abendlandes" (1918). Der Wiener Arthur Schnitzler wie der junge Hofmannsthal, Frank Wedekind wie Maurice Maeterlinck vermitteln eine rauschhafte Sinnlichkeit in ihrer Sprache wie in ihren Sujets. Musikalisch steht die Zeit noch ganz im Banne Richard Wagners. Beherrschend ist der bombastische Orchesterklang von Richard Strauss (Salome, Elektra) und Gustav Mahler (Sinfonien). Die tonale Harmonik war von Wagner und der Spätromantik in all ihren farblichen und klanglichen Reizen bis an die Grenze ihrer Möglichkeiten geführt worden. Bei Mahler, der zusammen mit dem Dramatiker Arthur Schnitzler und dem Maler Gustav Klimt die stilistische Atmosphäre der Jahrhundertwende in Wien am deutlichsten widerspiegelt, scheint das artistische Raffinement des Orchesterklangs zuweilen ins Triviale umzuschlagen, was jedoch nichts anderes ist als die kunstvolle symbolische Verschlüsselung einer ganz persönlichen Erfahrung von Wirklichkeit. Es ist die Zeit, in der Karl Kraus in der Zeitschrift „Die Fackel" mit scharfer Ironie die Zustände seiner Epoche unter das Seziermesser seiner Kritik nimmt und Sigmund Freud den Menschen tiefenpsychologisch auslotet und als Produkt seiner Triebe entlarvt.

In dieser Situation vollzieht zuerst die Bildende Kunst einen radikalen Bruch mit dem erstarrten Akademismus ihrer Väter (vgl. die Wiener, Münchener, Berliner Sezessionen). Eine Malergeneration verwirft den erzählenden Realismus der Historienmalerei und verzichtet auf die getreue Nachahmung der Natur zugunsten rein bildnerischer Ausdrucksmittel (vgl. die Bilder von Klee, Macke, Marc oder Kandinsky). Der französische Maler Robert Delaunay hat in verschiedenen Bildern den Eiffelturm gemalt, in denen er die technische Konstruktion dieses Bauwerkes in seine Elemente kubistisch aufgelöst und dabei die natürliche Abbildung dem Ausdruck des Rhythmus und der Dynamik der Technik geopfert hat. Eine frappierende Ähnlichkeit mit dieser bildnerischen Darstellung zeigt ein Gedicht Guillaume Apollinaires.

ZONE
A la fin tu es las de ce monde ancien
Bergère ô tour Eiffel le troupeau des ponts bêle ce matin
Tu en as assez de vivre dans l'antiquité grecque et romaine
Ici même les automobiles ont l'air d'être anciennes
La religion seule est restée toute neuve la religion
Est restée simple comme les hangars de Port-Aviation

Zuletzt bist Du müde dieser veralteten Welt
O Eiffelturm Hirte die Herde der Brücken blökt heute morgen
Du hast es satt zu leben im griechischen und römischen Altertum
Sogar die Automobile sehn hier veraltet aus
Die Religion nur ist neu geblieben die Religion
ist einfach geblieben wie die Flughafen-Hangars

Aus: Guillaume Apollinaire: Œuvres poétiques, Paris 1956. Die Übersetzung ist der von Gerd Henniger besorgten dt. Ausgabe der Poetischen Werke Apollinaires entnommen, Neuwied 1969.

Die Erkenntnis, daß die traditionellen künstlerischen Ausdrucksmittel angesichts der technischen und gesellschaftlichen Veränderungen ihren Sinn verloren haben, führt zu einem deutlichen Bewußtsein einer Krisensituation. Der tiefgreifenden Sprachkrise hat im Bereich der Literatur Hugo von Hofmannsthal in seinem berühmten „Brief" an den Lord Chandos 1902 Ausdruck verliehen.

M5 Hugo von Hofmannsthal: Ein Brief (1902)

Mein Fall ist, in Kürze, dieser: Es ist mir völlig die Fähigkeit abhanden gekommen, über irgend etwas zusammenhängend zu denken oder zu sprechen. Zuerst wurde es mir allmählich unmöglich, ein höheres oder allgemeineres Thema zu besprechen und dabei jene Worte in den Mund zu nehmen, deren sich doch alle Menschen ohne Bedenken geläufig zu bedienen pflegen. Ich empfand ein unerklärliches Unbehagen, die Worte „Geist", „Seele" oder „Körper" nur auszusprechen. Ich fand es innerlich unmöglich, über die Anglegenheiten des Hofes, die Vorkommnisse im Parlament, oder was Sie sonst wollen, ein Urteil herauszubringen. Und dies nicht etwa aus Rücksichten irgendwelcher Art...: sondern die abstrakten Worte, deren sich doch die Zunge naturgemäß bedienen muß, um irgendwelches Urteil an den Tag zu geben, zerfielen mir im Munde wie modrige Pilze...
Es zerfiel mir alles in Teile, die Teile wieder in Teile, und nichts mehr ließ sich mit einem Begriff umspannen. Die einzelnen Worte schwammen um mich; sie gerannen zu Augen, die mich anstarrten und in die ich wieder hineinstarren muß...
Es ist mir dann, als geriete ich selber in Gärung, würfe Blasen auf, wallte und funkelte. Und das Ganze ist eine Art fieberisches Denken, aber Denken in einem Material, das unmittelbarer, flüssiger, glühender ist als Worte...

Ich fühlte in diesem Augenblick mit einer Bestimmtheit, die nicht ganz ohne ein schmerzliches Beigefühl war, daß ich auch im kommenden und im folgenden und in allen Jahren dieses meines Lebens kein englisches und kein lateinisches Buch schreiben werde: ... nämlich weil die Sprache, in welcher nicht nur zu schreiben, sondern auch zu denken mir vielleicht gegeben wäre, weder die lateinische noch die englische noch die italienische und spanische ist, sondern eine Sprache, von deren Worten mir auch nicht eines bekannt ist, eine Sprache, in welcher die stummen Dinge zu mir sprechen, und in welcher ich vielleicht einst im Grabe vor einem unbekannten Richter mich verantworten werde.

Aus: Ausgewählte Werke, Bd. 2, Frankfurt am Main 1957, S. 341, 342, 347, 348.

Der Versuch, Kunst und Leben wieder zu einer Einheit zu verbinden, führte zur fast programmatischen Grenzüberschreitung zwischen den einzelnen Künsten. Schönberg gab seinem Ausdrucksbedürfnis in einer Reihe hochexpressiver Ölbilder Gestalt, Paul Klee war ein begabter Geiger, Kandinsky experimentierte mit dem Theater. Die Bilder, die die Bindung an die Gegenständlichkeit zugunsten dynamischer Ausdrucksbewegungen aufgeben, lehnen sich nun oft an musikalische Prinzipien an (Titel wie: Sonate, Improvisation, Komposition, Klänge u. ä.). So wird das Bild zum „Gedicht ohne Worte" (Titel einer Reihe von Holzschnitten von Wassily Kandinsky, 1903), Musik zu „Farben" (so der Titel des 3. Orchesterstücks op. 10 von Arnold Schönberg), die mit den Ohren zu sehen und den Augen zu hören sind. Und so, wie die Malerei ihre Bindung an die gewohnten gegenständlichen Formen und Inhalte aufgibt, löst sich die Musik von der harmonischen Grundlage der Tonalität. Beide Abweichungen von vertrauten Seh- und Hörgewohnheiten bereiten dem Publikum die gleichen Verstehensschwierigkeiten. Spätestens seit 1910 tritt dieser Traditionsbruch offen zutage. Schönberg und Webern verlassen in ihren Orchesterstücken und den Kammermusikwerken dieser Jahre die tonale Grundlage der Komposition. Sie verwenden nicht nur immer stärker alle chromatischen Töne gleichberechtigt nebeneinander, sondern auch dissonante Akkorde, die nicht mehr aufgelöst werden (Emanzipation der Dissonanz). So wie in der Malerei die Farbe ihre Verbindung mit gegenständlichen Formen löst und einen gestalterischen Eigenwert erlangt, so gibt auch die Harmonik ihre „Progressionslogik" (d.h. die Logik ihrer Fortschreitungen, die sich insbesondere im Auflösungsbedürfnis dissonanter Klänge zeigt) zugunsten reiner „Expressionslogik" auf.
Fast programmatisch muß in dieser Situation die Wahl der Texte „Litanei" und „Entrükkung" von Stefan George erscheinen, die Schönberg für die beiden letzten Sätze seines II. Streichquartetts in fis-Moll op. 10 (1907/08) wählt.

ENTRUECKUNG

Ich fühle luft von anderem planeten.
Mir blassen durch das dunkel die gesichter
Die freundlich eben noch sich zu mir drehten.

Und bäum und wege die ich liebte fahlen
Dass ich sie kaum mehr kenne und Du lichter
Geliebter schatten – rufer meiner qualen –

Bist nun erloschen ganz in tiefern gluten
Um nach dem taumel streitenden getobes
Mit einem frommen schauer anzumuten.

Ich löse mich in tönen, kreisend, webend,
Ungründigen danks und unbenamten lobes
Dem grossen atem wunschlos mich ergebend.

Mich überfährt ein ungestümes wehen
Im rausch der weihe wo inbrünstige schreie
In staub geworfner beterinnen flehen:

Dann seh ich wie sich duftige nebel lüpfen
In einer sonnerfüllten klaren freie
Die nur umfängt auf fernsten bergesschlüpfen.

Der boden schüttert weiss und weich wie molke . .
Ich steige über schluchten ungeheuer·
Ich fühle wie ich über lezter wolke

In einem meer kristallnen glanzes schwimme –
Ich bin ein funke nur vom heiligen feuer
Ich bin ein dröhnen nur der heiligen stimme.

Aus: Stefan George: Werke. Ausgabe in zwei Bänden, hrsg. von Robert Boehringer, Bd. 1, Stuttgart ^{4}1984, S. 293.

So ungewöhnlich schon die Einbeziehung der Singstimme in ein Streichquartett ist, so unüberhörbar weist die hier komponierte Musik in eine ganz neue Richtung, läßt „Luft von anderem Planeten“ ahnen.
Der erste Satz (fis-Moll) ist formal und harmonisch der traditionellste. Der zweite Satz weitet den tonalen Rahmen (d-Moll/D-Dur) extrem aus. Am Ende des D-Dur-Mittelteils fügt Schönberg in den Mittelstimmen die Melodie des Liedes „O du lieber Augustin, alles ist hin“ ein.

Arnold Schönberg, Streichquartett op. 10, 2. Satz, T. 165–174

Ist dies bloß ein Scherz, mit dem Schönberg dem Publikum als „dummem August“ klarmacht, daß nun „alles (die Tonalität?) hin“ ist? Oder zeigt diese Melodie vielmehr ein unmittelbares Erschrecken im Augenblick des Erkennens ihres simplen Pendelns zwischen

Tonika und Dominante, womit die Grundform von Tonalität vorgeführt wird, die hier (in diesem Stück) und jetzt (in dieser Situation) nicht mehr möglich ist? Der nächste Satz (Vorzeichen von es-Moll) bringt dann den Einsatz der Singstimme mit Georges „Litanei“. Im letzten Satz schließlich scheint die Fessel der Tonalität endgültig abgeworfen. Hier spüren wir den Aufbruch in ein musikalisches Neuland, überfährt uns „ungestümes Wehen“. Die Tatsache, daß Schönberg hier überhaupt auf einen Text zurückgreift, ist ungemein aufschlußreich nicht nur, weil dieser ausspricht, was die Musik alleine noch nicht mitzuteilen vermag, sondern vor allem deswegen, weil er dem Komponisten einen festen Halt bietet, den er in dem Moment um so notwendiger braucht, in dem er auf die einheitsbildende Funktion der Tonalität verzichtet. Nichts ist in diesem Satz mehr auf ein traditionelles Formschema zu beziehen. Die „pointiert-melodische Kadenz nach Fis-Dur“ am Schluß dieses Satzes kann daher eher „als ein absichtsvolles Signal für den Zusammenbruch der Tonalität“[1] verstanden werden.

M6 Arnold Schönberg: 2. Streichquartett op. 10 (1908)

6.1 Übersicht über die Satzanfänge

I

II

1 Eberhard Freitag: Schönberg, Reinbek 1973, S. 42.

III. Litanei

(Stefan George)

IV. Entrueckung

(Stefan George)

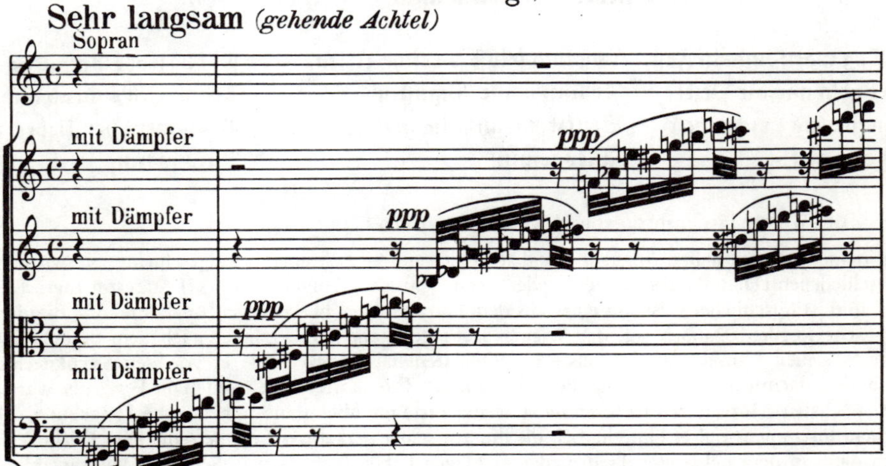

Der liebe Augustin

Jeder Tag war sonst ein Fest,
Jetzt'n hab'n wir die Pest!
Nur ein großes Leichennest,
Das ist der Rest!

Na, und selbst 's reiche Wien,
Arm ist's wie Augustin,
Seufzt mit ihm im gleichen Sinn,
Alles is hin!

O, du lieber Augustin,
Leg nur in's Grab dich hin,
O, du mein herzliebes Wien,
Alles is hin!

Aus: Alte Wiener Lieder, hrsg. von H. Goertz, München o.J.

Bei dem Lied vom lieben Augustin handelt es sich um eine Wiener Lokalgeschichte. Sie wurde in verschiedenen Darstellungen immer wieder einem Volkssänger namens (Max?) Augustin zugeschrieben und ist fälschlicherweise mit einer aus dem Pestjahr 1679 überlieferten Anekdote in Verbindung gebracht worden. Danach soll der Wiener Sackpfeifer und Bänkelsänger nach dem Besuch einer Kneipe seinen Rausch auf der Gasse ausgeschlafen haben. So wurde er von den Siechknechten gefunden, die ihn als vermeintliches Pestopfer auf den Totenkarren luden und in die Pestgrube warfen. Am nächsten Morgen erwachte er nicht wenig erstaunt über seine unheimliche Umgebung. Mit seinem Instrument rief er Hilfe herbei, die ihn aus seiner makabren Lage befreite. Dies Erlebnis soll sich dann in dem bekannten Lied niedergeschlagen haben (vgl. dazu L. Schmidt: Volkserzählung, Berlin 1963, S. 211ff.).

Die Augustin-Legende, entstanden um das Jahr 1850, ist in Wien lebendig geblieben. Um 1890 erschien das Lied in einer Auswahl Wiener Liederdrucke, die von den Volkssängern verkauft wurden (s. Notenbeispiel). Wenig später (etwa um 1900) wurde in Wien der Augustin-Brunnen eingeweiht. Das Augustin-Lied dürfte also in dieser Zeit in aller Munde gewesen sein (freundliche Auskunft des Deutschen Volksliedarchivs, Freiburg). Schönberg war also mit Sicherheit mit dem Hintergrund dieses Gassenhauers vertraut. Die ironisch pessimistische Anspielung („... leg nur ins Grab dich hin, o du mein herzliebes Wien ...“) erhält so in bezug auf das Kunstleben der Stadt eine zusätzliche Schärfe.

6.3 Deklamation der Singstimme aus dem IV. Satz („Entrückung“) des 2. Streichquartetts op. 10

Arbeitsmöglichkeiten und Anregungen

1. Versuchen Sie eine Interpretation des George-Textes.
2. Stellen Sie die traditionellen Momente des Streichquartetts op. 10 von Schönberg (M6.1) den Abweichungen gegenüber, durch die es die Gattungsnorm überschreitet. Bestimmen Sie dabei die Satz- und Tonartenfolge. Welche Funktion haben die Tonarten der verschiedenen Sätze, wenn sie nicht mehr einen zyklischen Zusammenhang garantieren?
3. Untersuchen Sie das Verhältnis von Vers und Prosa im letzten Satz des Streichquartetts. Nehmen Sie zu der These Stellung, daß Schönberg hier den poetischen Vers Georges als Prosa vertont.
4. Wodurch wird in der Singstimme des letzten Satzes (M6.3) ein motivischer Zusammenhang hergestellt, wenn Tonalitätsbezüge aufgegeben sind? Verfolgen sie die Intervallkonstellationen in der Singstimme.

Die „neue Luft von anderem Planeten“ macht sich hier nicht nur bemerkbar in einer die tonalen Zwänge sprengenden, freien, gesteigerten Expressivität, sondern diese tritt auch in einer neuen Form, der „musikalischen Prosa“, in Erscheinung. So bezeichnet Schönberg das melodische Gestaltungsprinzip, das die symmetrische Periodenstruktur durchbricht und auf Wiederholungen und Entsprechungen jeder Art verzichtet, um so direkt und unmittelbar, d. h. ohne Rücksicht auf formale Bedingungen rein musikalische Gedanken darstellen zu können.

„I wish to join ideas with ideas ... and this idea must look in construction and in thematic content as if it were not there to fulfill a structural task.“ (Ich möchte musikalische Gedanken mit musikalischen Gedanken verbinden ...; und ein solcher Gedanke muß in Form und thematischem Gehalt aussehen, als ob er nicht bloß dazu da wäre, eine strukturelle Aufgabe zu erfüllen.)[1]

1 Arnold Schönberg: Style and Idea, New York 1950, S. 63.

Klassische Themen weisen häufig einen symmetrischen Bau mit rhythmischen und melodischen Entsprechungen auf (Periodenbau). Die Wiederholungen und Korrespondenzen machen ihre Orientierung am sprachlichen Vers deutlich. Was Schönberg dagegen mit musikalischer Prosa vorschwebt, ist eine kompositorische Gestaltung, die allein innermusikalischen Gesetzen folgt und keine Rücksicht auf formale Bedingungen mehr nimmt, die also unabhängig ist von Symmetrie, deren Strukturelemente ungleich sein können und die auf die Gedächtnishilfe eines einheitlichen Rhythmus oder Metrums verzichtet.
„This is what musical prose should be – a direct and straightforward presentation of ideas, without any patchwork, without mere padding and empty repetitions." (Das sollte musikalische Prosa sein: eine unmittelbare und direkte Darstellung von Gedanken ohne jedes Flickwerk, ohne lauter Füllsel und leere Wiederholungen.)[1]
Die eindeutige Entfernung vom Prinzip periodischer Themenbildung und die allmähliche Verwirklichung musikalischer Prosa zeigt die Gegenüberstellung melodischer Formen bei Beethoven und Schönberg (M7.1–7.3).

M7 *7.1 Ludwig van Beethoven: Sonate für Klavier D-Dur op. 28*
2. Satz (Andante), T. 1–8

7.2 Arnold Schönberg: Op. 11, Nr. 1
T. 1–13

1 Ebd., S. 72.

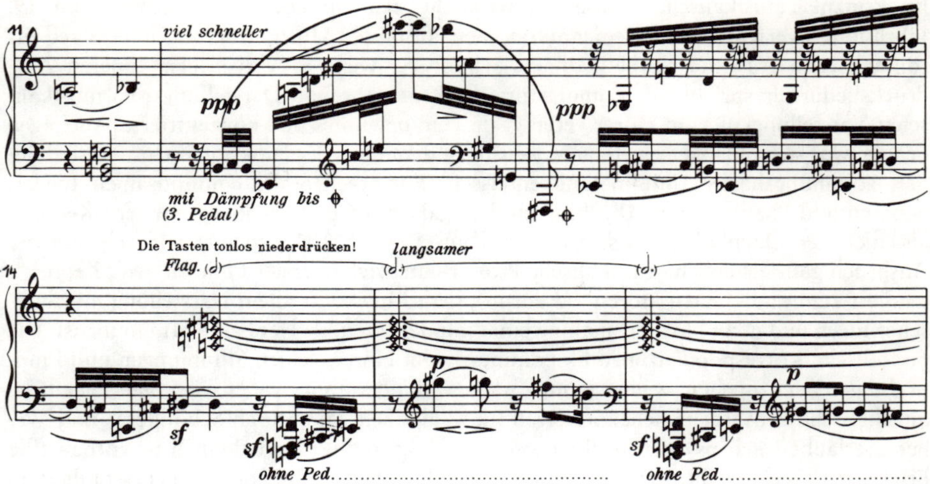

7.3 Arnold Schönberg: Sechs kleine Klavierstücke op. 19, Nr. II

Im Prinzip „musikalischer Prosa“ verwirklicht sich am konsequentesten die im 19. Jahrhundert verwurzelte Idee einer autonomen, absoluten Musik. Aber im Unterschied zur romantischen Ausdrucksästhetik meint Schönberg, wenn er von seinem inneren Ausdrucksbedürfnis spricht, die kompositorische Kundgabe und Darstellung rein musikalischer Vorstellungen. Vom Hörer verlangt dies ein bewußtes und konzentriertes Verfolgen dessen, was sich musikalisch ereignet. Musik ist damit aus der Funktion mehr unterhaltender, stimmungshafter Untermalung entlassen. Entsprachen die empfindsamen Lieder, Sonaten und Phantasien im 18. Jh. noch dem galanten Geschmack sowohl der „Kenner“ als auch der „Liebhaber“ (vgl. Stilwandel um 1730, S. 101), so wandelt sich nun der Anspruch ganz erheblich: musikalische Prosa richtet sich in erster Linie an den „Kenner“, tendiert zum „adäquaten Hören“ (Adorno), dem Musik vor allem Darstellung musikalischer Ideen und nicht bloß Ausmalung einer mit dem Gefühl erfaßbaren Stimmung ist. Die periodische Korrespondenzmelodik erlaubt es dem Hörer, seinen Stimmungen und Empfindungen nachzugehen, weil er ja im voraus weiß oder ahnt, wie es weitergeht. Die neue musikalische Prosa der hochexpressiven musikalischen Miniaturen Schönbergs und Weberns erlaubt solch psychische Regression (d.h. Erholung, Zurückfallen in vorbewußte Erlebniszustände) nicht mehr. „Das wirklich Neue tritt nicht poliert, nicht etabliert in

---

Die beiden Kohle-Studien aus Kandinskys Notizblock gehen aller Wahrscheinlichkeit auf den Eindruck eines Konzerts am 1. Januar 1911 zurück, das Kandinsky zusammen mit befreundeten Malern (Franz Marc, Alexej Jawlensky, Gabriele Münter) in München besucht hatte und in dem er zum ersten Mal Schönbergs Musik – dem Streichquartett op. 10 und den Klavierstücken op. 11 – begegnet war. Der tiefe Eindruck, den diese Musik auf ihn machte, veranlaßte den Maler, mit Schönberg in einen Briefwechsel zu treten.

Die Skizzen, von denen die zweite auf der Rückseite das Datum 3.1.1911 trägt, zeigen die verschiedenen Grade der Abstraktion von der zeichnerisch festgehaltenen Aufführung der Klavierstücke bis zu deren malerisch farblicher Umsetzung (hier leider nur schwarz-weiße Wiedergabe möglich; vgl. farbige Wiechmann-Bildkarte Nr. 859, Wiechmann-Verlag, Starnberg vor München).

Einen weiteren Hinweis auf die ungeheuere Wirkung von Schönbergs neuen Klängen auf die Maler gibt auch ein Brief, den Franz Marc nach diesem Konzert an seinen Freund, den Maler August Macke, schrieb: „Kannst Du Dir eine Musik denken, in der die Tonalität (also das Einhalten irgend einer Tonart) völlig aufgehoben ist? Ich mußte stets an Kandinskys große Komposition[1] denken, der auch keine Spur von Tonart zuläßt (...) und auch an Kandinskys ‚springende Flecken‘ beim Anhören dieser Musik, die jeden angeschlagenen Ton für sich stehen läßt (eine Art weißer Leinwand zwischen den Farbflecken!). Schönberg geht von dem Prinzip aus, daß die Begriffe Konsonanz und Dissonanz überhaupt nicht existieren. Eine sogenannte Dissonanz ist nur eine weiter auseinanderliegende Konsonanz. – Eine Idee, die mich heute beim Malen unaufhörlich beschäftigt“ (Brief vom 14.1.1911, in: Schönberg/Kandinsky. Briefe, Bilder und Dokumente einer außergewöhnlichen Begegnung, München 1983, S. 178).

Und am 14. Februar kommt Marc noch einmal auf Schönberg zurück: „Mit Kandinsky unterhielt ich mich letzthin lang über Schönberg und unterbreitete ihm die mir etwas überraschende Konsequenz, die Maria[2] aus dieser Musik gezogen hat (sie behauptet, daß er mit völlig unauflösbaren Mischklängen arbeitet, ohne jeden Farbklang, nur Ausdruck, Geste). Kandinsky war darüber ganz begeistert: das ist sein Ziel; seine ‚Schönfarbigkeit‘, die Auflösung seiner Farben in einer großen Harmonie ein faute de mieux[3] in seinem Schaffen, über das er noch hinwegkommen müsse; die jungen Franzosen (Rouault, Braque, Fauconnier, Picasso etc.) hätten dies Schönbergsche Prinzip auch schon erfaßt“ (ebd., S. 178).

1 Kandinsky verwendete in diesen Jahren häufig anstelle traditioneller Bildtitel die Bezeichnung „Improvisation“, „Impression“ oder „Komposition“.

2 seine Frau Maria Marc.

3 ein Notbehelf (wörtlich: in Ermangelung eines Besseren).

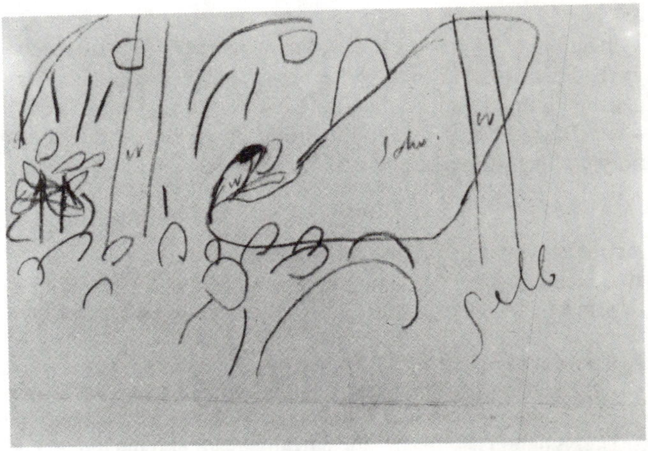

Wassily Kandinsky: Impression III (Konzert) oben und Mitte: zwei Skizzen, Kohle, 1911 unten: Öl auf Leinwand, 1911
[Vgl. die farbige Abbildung im Anhang.]

Erscheinung, sondern robust, freigiebig, nicht einzuordnen" (Hans Werner Henze). Daß dies dem Hörer und Hören große Schwierigkeiten bereiten mußte (was ja die Skandalkonzerte belegen), wird so verständlich.

Das Neue, das sich um 1910 musikalisch Bahn bricht, liegt also

- in einer freien Dissonanzbehandlung, bei der dissonante Klänge miteinander verbunden oder unaufgelöst stehen bleiben können *(Emanzipation der Dissonanz);*
- in der allmählichen Auflösung der Tonalität *(freie Tonalität);*
- in einem gesteigerten Ausdrucksbedürfnis, das sich konventioneller formaler Zwänge entledigt *(musikalische Prosa);*
- in extrem kurzen Stücken *(aphoristische Miniaturen);*
- im *zunehmenden Autonomieanspruch* der Musik.

Diese Merkmale hängen innerlich zusammen. Denn das Wiederholungsverbot musikalischer Prosa ist eine Folge des Bestrebens, alle Klänge des chromatischen Tonvorrates gleichberechtigt zu verwenden. Jede Wiederholung eines Toncharakters würde diesem eine stärkere Betonung verleihen. Und andererseits führt das Wiederholungsverbot im extremen Fall zu der radikalen Kürze der Stücke. Anton von Webern berichtet hierzu aus seiner eigenen Erfahrung:

„Ungefähr 1911 habe ich die ‚Bagatellen für Streichquartett' (op. 9) geschrieben. Lauter kurze Stücke, die 2 Minuten dauern; vielleicht das Kürzeste, das es in der Musik bisher gegeben hat. Ich habe dabei das Gefühl gehabt: Wenn die zwölf Töne abgelaufen sind, ist das Stück zu Ende. Viel später bin ich daraufgekommen, daß das alles im Zuge der notwendigen Entwicklung war."[1]

Arbeitsmöglichkeiten und Anregungen

1. Beschreiben Sie den Bau des Themas der Beethoven-Sonate (M 7.1) und verfolgen Sie die allmähliche Auflösung des dort erkennbaren Formprinzips in Schönbergs Klavierstücken op. 11 und op. 19 (M 7.2, 7.3).
2. Hören Sie die Drei Klavierstücke op. 11 von Schönberg. Vergleichen Sie Ihren Eindruck mit dem Ölbild von Kandinsky „Impression III (Konzert)". Können Sie darin gemeinsame Strukturen einer neuen künstlerischen Gestaltungsweise erkennen?
3. Untersuchen Sie (nach Möglichkeit zusammen mit einem GK oder LK in Bildender Kunst) die gemeinsamen Bestrebungen der Stilwende in Malerei und Musik (gemeinsames Unterrichtsprojekt, Teamteaching).
4. Erörtern Sie die brieflichen Äußerungen von Franz Marc (S. 42), und berücksichtigen Sie dabei insbesondere die Hinweise auf Farbe und Ausdruck. Worin könnte eine Analogie zu Konsonanz und Dissonanz in der Malerei liegen?
5. Verfolgen Sie die Entwicklung von den Skizzen Kandinskys, die zunächst gegenständlich einen Ausschnitt aus dem Konzert skizzieren, zu dem Ölbild. Welche künstlerische Absicht könnte diesen Vorgang geleitet haben?

1 Anton von Webern: Der Weg zur neuen Musik, Wien 1960,S. 55.

Die Zwölfton-Technik – oder: Was ist atonal?

Wenn man den stilistischen Einschnitt der Musik zu Beginn dieses Jahrhunderts auf einen Begriff bringen möchte, denkt man zunächst an die Entwicklung der Zwölfton-Technik nach 1920. Man darf dabei aber nicht übersehen, daß der Stilwandel schon viel früher einsetzte und auch als ein radikaler Traditionsbruch empfunden wurde. Neue Ideen liegen oft „in der Luft" und treten im richtigen Moment an verschiedenen Stellen gleichzeitig in Erscheinung. Der Durchbruch neuer Ideen ist also weniger die zufällige Erfindung eines einzelnen als vielmehr Ausdruck des Zeitgeistes. Auch die Entwicklung der Atonalität, d. h. die Ersetzung der funktionalen Harmonik durch die Möglichkeiten einer alle zwölf chromatischen Töne gleichberechtigt verwendenden Kompositionsweise, erscheint als das Ergebnis einer folgerichtigen, ja notwendigen Entwicklung, die aus der Erschöpfung der Tonalität herausführte. So fanden unabhängig voneinander sowohl österreichische (Schönberg und Hauer) als auch russische (Skrjabin u. a.) Komponisten musikalische Lösungen, den gesamten zwölftönigen Tonvorrat in eine gesetzmäßige Ordnung zu bringen.

Der russische Komponist und Pianist *Alexander Skrjabin* (1872–1915) gelangte schon zu Beginn des Jahrhunderts zur Arbeit mit zwölftönigen Klangfeldern, in denen allerdings die Reihenfolge der einzelnen Töne nicht geregelt zu sein brauchte. Gleichzeitig mit Arnold Schönberg, aber ganz unabhängig von diesem, entwickelte *Joseph Matthias Hauer* (1883–1959) seit 1919 ein Zwölftongesetz und baute dies in den folgenden Jahren systematisch aus. Seine zwölftönigen „Melosreihen" ergeben sich aus den verschiedenen Möglichkeiten der Anordnung der Töne innerhalb zweier Hexachorde (d. h. der Gruppe von 6 aufeinanderfolgenden Tönen der chromatischen Skala), aus denen er dann rein mechanisch, gleichsam „automatisch" harmonische Konstellationen und rhythmische Folgen ableitet.

„Jede der 479 001 600 Melosreihen wird durch einen Taktstrich in zwei Hälften zerlegt, deren jede sechs Töne umfaßt. Die Töne der ersten Hälfte stehen nun zueinander und zu den Tönen der anderen Hälfte in ganz bestimmten Intervallverhältnissen. Wenn wir also von diesem Gesichtspunkt aus jene Melosreihen zu Gruppen vereinigen, deren Intervallverhältnisse die gleichen sind, so erhalten wir 44 solche Möglichkeiten, also 44 Tropen."[1]

Die Art des rein kombinatorischen Umgangs mit den Melosreihen erforderte aber den Verzicht auf die Gestaltung musikalischer Charaktere sowie auf jede Art motivisch-thematischer Arbeit. Dies verleiht seinen Kompositionen, die er in späteren Jahren dann häufig „Zwölftonspiele" nannte, den Eindruck mechanischer Einförmigkeit.

Grundverschieden davon ist das kompositorische Denken *Arnold Schönbergs* (1874–1951), der ebenfalls um 1920 ganz allmählich zur „Komposition mit zwölf nur aufeinander bezogenen Tönen" fand, also einer Möglichkeit, die Töne nicht mehr im Sinne funktionaler Tonalität auf einen Grundton zu beziehen, sondern sie gleichberechtigt untereinander in Beziehung zu setzen. Diese Methode erlaubte es ihm, außerhalb der Tonalität wie bisher thematisch zu komponieren, mit motivischen Ableitungen zu arbeiten und vor allem seinem ungeheueren Ausdrucksbedürfnis die adäquate Form zu verleihen. So bezeichnet sein Begriff der „Grundgestalt" noch die Einheit von thematischem Einfall und zwölftöniger Materialordnung. „Die Grundgestalt verleiht der Zwölftonreihe eine gewisse Gliederung, sie differenziert ihre gleichförmige Gestalt und ordnet ihre Reihenfolge."[2]

1 Joseph Matthias Hauer: Vom Melos zur Pauke, Wien 1925, zit. nach W. Szmolyan: J. M. Hauer, Wien 1965, S. 51.

2 Erwin Stein: Neue Formprinzipien, in: Musikblätter des Anbruch, Sonderheft, Wien 1924, S. 291.

Eine Zwölftonreihe kann in vier verschiedenen „Modi“ erscheinen:
(1) als „Grundreihe“ (R),
(2) in deren rückläufiger Lesart als „Krebs“ (K),
(3) in der spiegelbildlichen „Umkehrung“ aller Intervalle (U),
(4) als deren Umkehrung, also der „Krebsumkehrung“ (KU).
Diese vier Modi können auf allen 12 Stufen der chromatischen Tonleiter gebildet werden, so daß man insgesamt 4 × 12 = 48 Reihenformen als Ausgangsmaterial erhält.
Obwohl Schönberg und Hauer in ihrer Art, ihrem Denken und in ihrem Selbstverständnis grundverschiedene Persönlichkeiten waren, gelangten sie doch beide unabhängig voneinander zur Komposition mit Zwölftonreihen. Sie nahmen daher in diesen Jahren Kontakt auf und faßten 1923 gemeinsame Publikations- und Unterrichtsprojekte ins Auge, die aber nicht verwirklicht wurden.
Während Schönberg auch in seinen streng zwölftönigen Kompositionen immer noch thematisch denkt und erfindet, versuchte sein Schüler *Alban Berg* (1885–1935) aus den Reihenformen harmonische Felder zu entwickeln, die auch tonale Bezüge zulassen. In der Doppelvertonung des Stormschen Gedichts „Schließe mir die Augen beide“ aus den Jahren 1907 (C-Dur, spätromantische Harmonik) und 1925 (atonal, Verwendung der von Fritz Heinrich Klein entdeckten Allintervallreihe) wird der in der Zwischenzeit vollzogene Stilumbruch besonders deutlich greifbar. Dem C-Dur mit den fast durchgehenden Oktavierungen im Klavier steht die symmetrisch um den Tritonus gruppierte Allintervallreihe als melodische Grundlage polar gegenüber.

Alban Berg, Allintervallreihe zur 2. Fassung des Liedes „Schließe mir die Augen beide“

Dieser materialbedingten strukturellen Polarität entspricht die ausdrucksmäßige (M12).
Anton Webern (1883–1945), dem das neue Verfahren in erster Linie dazu diente, größtmögliche „Faßlichkeit“ und einen engen „Zusammenhang“ zwischen allen Elementen der Komposition herzustellen (M9), hat dann die Reihe in kleinere Mikroreihen unterteilt. Dadurch schafft er bereits innerhalb der Reihenform interne Beziehungen, wenn z.B. vier Dreitongruppen sich wie Reihe, Umkehrung, Krebs und Krebsumkehrung verhalten.

Anton von Webern, Reihe des Konzerts für 9 Instrumente op. 24

Dabei enthält die Reihe zugleich den strukturellen Schlüssel für das ganze Werk. Dessen Struktur im großen ist bereits in der Reihe im kleinen keimhaft vorgebildet. Das symmetrisch rückläufige Bauprinzip der Reihe aus der Sinfonie op. 21 spiegelt sich in jeder Variation des 2. Satzes wie in der Gesamtanlage der Variationenfolge.

Anton von Webern, Reihe der Sinfonie op. 21

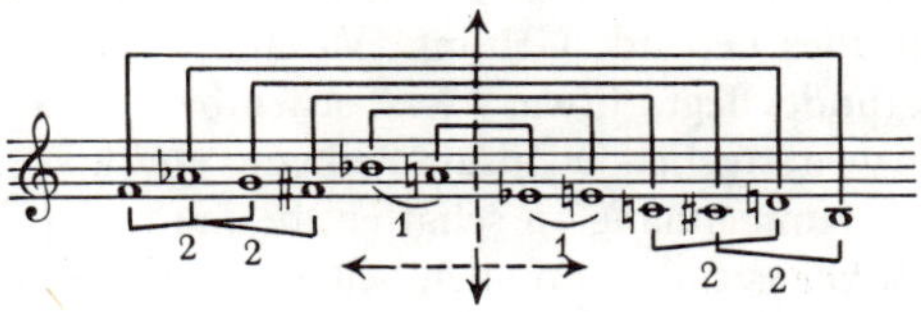

Weberns Reihen enthalten also nicht mehr motivische Zellen, die im Werk entwickelt und verarbeitet werden, sondern Intervallproportionen, die für die Werkproportionen bestimmend werden. Dem Vorwurf, daß es sich dabei mehr um ein rationales Kalkül handele, ist er immer wieder mit dem Hinweis auf den Anteil der Inspiration bei der Erfindung der Reihe entgegengetreten: „Unsere – Schönbergs, Bergs und meine – Reihen sind meist dadurch entstanden, daß ein Einfall in Verbindung mit dem intuitiv vorgestellten ganzen Werk gekommen ist, der dann sorgfältiger Überlegung unterzogen wurde.“[1]

M8 Neue Formprinzipien

Die Krise der musikalischen Form, die wir heute durchmachen, erinnert an die Übergangszeit von dem polyphonen Stil Bachs zu dem homophonen der Klassiker. Nur ist es umgekehrt, wir kehren zu einem polyphonen Stil zurück. Und die Situation ist schwieriger. Die Tonalität war eines der stärksten die Form organisierenden Mittel. Ein Ersatz für sie ist noch nicht gefunden. Die neuen Tonkombinationen haben die Kraft, neue große Formen zu erzeugen, noch nicht bewähren können. Sie sind erst zu kurze Zeit in Gebrauch, ihre Funktionsmöglichkeiten und Wertverhältnisse sind noch nicht ausprobiert. So kam es auf dem Gebiet der Form zu einer Reihe von Übergangserscheinungen. Zu den interessantesten von ihnen gehören jene Stücke aphoristischen Charakters, denen es ihre Kürze erlaubt, dem Formproblem recht eigentlich aus dem Wege zu gehen. Sie gestatten eine äußerst konzentrierte Darstellung des musikalischen Gedankens. Harmonie und Melodie haben weiter keine architektonischen Verpflichtungen, sind musikalischer Ausdruck...
Für die Form bleibt das Bedeutsamste die Einführung einer Tonfolge, einer Grundgestalt, wie sie Schönberg nennt, als Träger eines Stückes. Dadurch werden Wiederholungen jeder Art von neuem organisch, nicht nur solche des Motivs, sondern auch rhythmisch-symmetrische. Es scheint, daß die Musik auf deren formbildende Kraft nicht verzichten kann, größere Formen wenigstens ohne sie nicht möglich sind. Die Grundgestalt besteht aus mehreren Tönen, deren melodische Struktur, d.h. deren Intervallverhältnisse für das ganze Stück bindend sind. Der Rhythmus aber ist frei... Die Grundgestalt verleiht der Zwölftonreihe eine gewisse Gliederung, sie differenziert ihre gleichförmige Gestalt und ordnet ihre Reihenfolge. Die einzelnen Töne erhalten dadurch wieder bestimmte Funktionen – ihre bestimmte Stellung im Motiv und ihre bestimmten Wertverhältnisse zueinander...
Die Grundgestalt ist das Gesetz für das betreffende Stück. Sie ist nicht das Thema, sondern nur das Material für ein solches. Recht eigentlich, der ursprünglichen Bedeutung des Wortes entsprechend, kann man sie als Motiv bezeichnen.

Aus: Erwin Stein: Neue Formprinzipien, in: Musikblätter des Anbruch, Sonderheft „Schönberg“, Wien 1924, S. 288/291/293.

1 Anton von Webern: Der Weg zur neuen Musik, Wien 1960, S. 58.

M9 **Der Weg zur Komposition in zwölf Tönen**

Zuletzt hat uns – im Anschluß an Goethes „Urpflanze“ – der „andere Weg“ beschäftigt. Dasselbe Gesetz hat für alles Lebende Geltung: Variation über ein Thema – das ist die Urform, die allem zugrunde liegt. Etwas, was scheinbar etwas ganz anderes ist, ist eigentlich dasselbe. Der weitestgehende Zusammenhang ergibt sich daraus.

Dieses Bestreben, den Zusammenhang zu schaffen, bestand auch bei allen Meistern der Vergangenheit ... Eine Aschenschale, von allen Seiten angesehen, ist immer das gleiche – und doch etwas anderes. – Ein Gedanke soll also auf die mannigfaltigste Art dargestellt werden. Eine solche Art ist die rückläufige Bewegung: Krebs – eine andere die Spiegelung: Umkehrung. – Durch die Ausbildung der Tonalität wurden diese alten Darstellungsarten zurückgedrängt, aber in der thematischen Arbeit setzten sie sich auch in der klassischen Zeit irgendwie durch. Auf diesem Wege kam es zu einer immer größeren Verfeinerung des thematischen Gewebes.

Wieso hat sich ein solch weitgehender Zusammenhang in der Zwölftonmusik besonders verwirklicht? – Dadurch, daß innerhalb des Ablaufs der der Komposition zugrundeliegenden Reihe kein Ton wiederholt werden darf, bevor alle anderen drangekommen sind. – Dieses Gesetz hat sich allmählich von selbst ausgebildet ...

Wenn das ungeschulte Ohr den Ablauf der Reihe nicht immer verfolgen kann, so schadet das nichts – in der Tonalität wurde der Zusammenhang auch meistens nur unbewußt gefühlt. – Der Ablauf der Reihe kann sich mehrmals wiederholen, ganz gleichartig sogar, wie im Sonett der „Serenade“ von Schönberg. Irgend etwas wird auch in der naivsten Seele hängenbleiben ...

Alle Werke, die seit dem Verschwinden der Tonalität bis zur Aufstellung des neuen Zwölftongesetzes geschaffen wurden, waren kurz, auffallend kurz. – Was damals Längeres geschrieben wurde, hängt mit einem tragenden Text zusammen ..., also eigentlich mit etwas Außermusikalischem. – Mit der Aufgabe der Tonalität war das wichtigste Mittel zum Aufbau längerer Stücke verlorengegangen. Denn zur Herbeiführung formaler Geschlossenheit war die Tonalität höchstwichtig ... Erst als Schönberg das Gesetz aussprach, wurden größere Formen wieder möglich.

Wie entsteht die Reihe? – Sie ist nicht zufällig oder willkürlich, sondern nach bestimmten Überlegungen angeordnet ... Unsere – Schönbergs, Bergs und meine – Reihen sind meist dadurch entstanden, daß ein Einfall in Verbindung mit dem intuitiv vorgestellten ganzen Werk gekommen ist, der dann sorgfältiger Überlegung unterzogen wurde – ganz wie man es an der Entstehung der Themen bei Beethoven in den Skizzenbüchern verfolgen kann. Wenn man will: Inspiration.

Die Bindung ist streng, oft lästig – aber es ist die Erlösung! – Wir haben nichts dafür gekonnt für die Auflösung der Tonalität – und wir haben das neue Gesetz nicht selbst geschaffen: es hat sich uns übermächtig aufgedrängt. Der Zwang, die Bindung ist so gewaltig, daß man es sich sehr überlegen muß, bevor man sie endgültig für lange Zeit eingeht – fast, als ob man sich zum Heiraten entschließt. – Ein schwerer Moment! – Das Vertrauen zum Einfall! Etwas anderes gibt es nicht!

Die Reihe ist nun da. – Sofort setzt die Umbildung, Entwicklung ein. – Wie wurde nun das System ausgebaut? – Die kombinierende Fantasie fand die folgenden Formen: Krebs, Umkehrung, Umkehrung des Krebses. – Also vier Formen. Andere gibt es nicht. Trotz aller Bemühungen der Theoretiker. Jede dieser vier Formen kann von jeder der zwölf Stufen aus aufgebaut werden. Unter Berücksichtigung dieser zwölf Transpositionen kann demnach jede Reihe in 48 verschiedenen Erscheinungen auftreten.

Gesichtspunkte der Symmetrie, Regelmäßigkeit treten jetzt gegenüber der früheren Hervorhebung der Hauptintervalle – Dominante, Unterdominante, Mediante etc. – in den Vordergrund. Daher ist jetzt die Mitte der Oktave – die verminderte Quinte – von größter Bedeutung. Im übrigen wird gearbeitet wie bisher…

Aus: Mitschrift eines Vortrags von Anton Webern vom 26.2.1932, zit. nach: Der Weg zur neuen Musik, Wien 1960, S. 57/58.

M10 Arnold Schönberg: Konsonanz und Dissonanz

Noch einmal: der Ton ist das Material der Musik. Er muß daher mit allen seinen Eigenschaften und Wirkungen für kunstfähig angesehen werden. Alle Empfindungen, die er auslöst, das sind ja die Wirkungen, die seine Eigenschaften kundgeben, nehmen in irgendeinem Sinn Einfluß auf die Form, deren Bestandteil er ist, auf das Tonstück. In der Obertonreihe, die eine seiner bemerkenswertesten Eigenschaften ist, erscheint nach einigen stärker klingenden Obertönen eine Anzahl schwächer klingender. Zweifellos sind die ersteren dem Ohr vertrauter, die letzteren, fürs Ohr kaum wahrnehmbaren, fremder. Mit anderen Worten: die näherliegenden scheinen mehr oder Wahrnehmbareres beizutragen zu der als kunstfähiger Wohlklang erkannten Gesamterscheinung des Tons, die fernerliegenden weniger oder weniger Wahrnehmbares…

Der Unterschied zwischen ihnen ist daher nur graduell und nicht wesentlich. Sie sind, was sich ja auch in den Schwingungszahlen ausdrückt, ebensowenig Gegensätze, wie zwei und zehn Gegensätze sind; und die Ausdrücke Konsonanz und Dissonanz, die einen Gegensatz bezeichnen, sind falsch. Es hängt nur von der wachsenden Fähigkeit des analysierenden Ohrs ab, sich auch mit den fernliegenden Obertönen vertraut zu machen und damit den Begriff des kunstfähigen Wohlklanges so zu erweitern, daß die gesamte naturgegebene Erscheinung darin Platz hat.

Was heute fern liegt, kann morgen nahe liegen; es kommt nur darauf an, daß man imstande ist, sich zu nähern. Und die Entwicklung der Musik ist den Weg gegangen, daß sie immer mehr von den im Ton gelegenen Zusammenklangsmöglichkeiten in den Bereich der Kunstmittel einbezogen hat.

Wenn ich nun die Ausdrücke Konsonanz und Dissonanz, obwohl sie unberechtigt sind, weiter verwende, so geschieht das deshalb, weil die Anzeichen dafür da sind, daß die Entwicklung der Harmonie das Unzulängliche dieser Einteilung in kurzer Zeit erweisen wird. Die Einführung einer anderen Terminologie in diesem Stadium hätte keinen Zweck und könnte kaum befriedigend gelingen. Da ich jedoch mit diesen Begriffen operieren muß, definiere ich Konsonanzen als die näher liegenden, einfacheren, Dissonanzen als die entfernter liegenden, komplizierteren Verhältnisse zum Grundton. Die Konsonanzen ergeben sich als die ersten Obertöne und sind desto vollkommener, je näher sie dem Grundton liegen. Das heißt, je näher sie dem Grundton liegen, desto leichter ist es, ihre Ähnlichkeit mit diesem zu erfassen, desto leichter ist es dem Ohr, sie dem Gesamtklang einzuordnen, zu assimilieren, desto leichter, ihren Zusammenklang mit dem Grundton als „ruhenden", keiner Auflösung bedürftigen Wohlklang zu bestimmen. Dasselbe sollte auch für die Dissonanzen gelten…

Wir sind ja heute schon so weit, zwischen Konsonanzen und Dissonanzen keinen Unterschied mehr zu machen. Oder höchstens den, daß wir Konsonanzen weniger gern verwenden. Was möglicherweise nur eine Reaktion auf die vorhergegangenen Epochen der Konsonanz ist; eine Übertreibung vielleicht.

Aus: Harmonielehre (1911), Wien 1949, S. 16/17, 79.

M11 **Tonal – A-tonal**

Die Begriffe tonal und a-tonal stehen heute einander gegenüber. Vor zwanzig Jahren arbeitete man mit dem Begriff *moderne* Musik. Modern war ein historisch orientierter Begriff. Höchstens hätte man auf eine Tendenz starker Chromatik hinweisen können. Modern war die Liszt-Wagner-Bruckner-orientierte Musik (die Chromatik suchende), nicht modern die Brahms-Beethoven-orientierte (die relativ Chromatik vermeidende).
Würde man unter a-tonaler Musik weiter nichts verstehen als die in unserer Zeit „radikal-moderne" Musik, so bekäme der Begriff a-tonal einen ähnlich historischen Charakter wie der Begriff „modern" vor zwanzig Jahren. Dem ist aber nicht so. Der Begriff a-tonal will mehr sein als ein historischer „Schulbegriff". Er enthält ein Programm. Wie aber schon der Begriff a-tonal besagt – zuerst ein negatives: Nicht-tonal! – Tonale Musiker sind demnach sowohl Beethoven wie Wagner. Die Schulen, die als Gegensätze aufgefaßt wurden (moderne – nicht moderne [klassische-klassizistische] Musik), sind, von dem Standpunkt der Atonalität aus gesehen, zusammengehörig...
Der Schritt von der tonartsbestimmten Tonalität zur A-Tonalität war damit vorbereitet, aber dieser Schritt bedeutet, konsequent genommen, eine vollkommene Umwälzung der Musik und zugleich des ganzen tonalen musiktheoretischen Systems. Denn bei einem radikalen Aufgeben der Tonarts-Tonalität, verlieren die tonalen Grundelemente ihre bisherige Bedeutung – vor allem – im Hinblick auf die Totalität – ihre *formgebende* Bedeutung. Die Arbeit der Formbildung, die früher die diatonische Skala mit ihren in bestimmten Richtungen wirkenden Einzeltönen (Leitton, Grundton usw.) zu leisten hatte, soll jetzt (bei der a-tonalen Einstellung) von der aus zwölf Tönen bestehenden chromatischen Skala (die keine Tonarts-Tonalität ergeben kann) geleistet werden. (Ich weise hier auf Schönbergs Harmonielehre[1] und Josef Matthias Hauers[2] Theorien hin.) Schon dieser sich zunächst auf die Homophonie beziehende Tatbestand hat für die Harmoniebildung die größte Konsequenz. Der Dreiklang verliert seinen (im bisherigen Verstand) formgebenden Sinn, wenn er aus dem diatonisch-orientierten System herausgehoben wird – ja! – das ganze harmonische, auf der diatonischen Skala aufgebaute System fällt in sich zusammen. Die Kadenz ist hinfällig geworden.
Die späten Werke Schönbergs sind, unter diesem Gesichtspunkte gesehen, großartige Versuche, neue formgebende Komplexe zu bilden. Eine Musiktheorie der a-tonalen Musik hätte vor allem sich mit diesen Fragen zu beschäftigen.
Die große geistige Spannung, die der Gegensatz zwischen tonaler und a-tonaler Musik hervorgerufen, ist von Schönberg mit hinreißender Lebendigkeit und Genialität erlebt.

Paul von Klenau, in: Arnold Schönberg zum 50. Geburtstage, September 1924. Sonderheft der Musikblätter des Anbruch, Wien 1924, S. 309/310.

1 Vgl. M 10, S. 49.
2 Österreichischer Komponist, s. S. 45 f.

M12 **Alban Berg: Schließe mir die Augen beide**
Zwei Fassungen, 1907 und 1925

12.1

SCHLIESSE MIR DIE AUGEN BEIDE
CLOSE, O CLOSE MY EYES AT PARTING

THEODOR STORM
English version by Eric Smith

ALBAN BERG (1907)

SCHLIESSE MIR DIE AUGEN BEIDE
CLOSE, O CLOSE MY EYES AT PARTING

THEODOR STORM
English version by Eric Smith

ALBAN BERG (1925)

a tempo
mp
Und wie lei - se sich der Schmerz Well' um Wel - le schla - fen
As my pain flows like the sea, wave by wave to rest at
espr.
Cis
mp
p begleitend
Ces
le - get, wie der letz - te Schlag sich re - get, fül - lest
even - ing, when at last it ceas - es beat - ing all my
pp
p
sempre espress.
poco pesante
cresc.
du mein gan - zes Herz.
heart is filled by thee.
den Gesang fortsetzend
L.H.
poco cresc. ma sempre tranquillo
espress.
mf
ppp

Arbeitsmöglichkeiten und Anregungen

1. Information über Zwölfton-Technik. Was heißt Komposition mit zwölf nur aufeinander bezogenen Tönen?
2. Vergleich der Doppelvertonung durch Alban Berg unter dem Aspekt des Stilwandels.
3. Analyse des Variationssatzes der Sinfonie op. 21 von Anton Webern. Welche Rolle spielt hier die Bezugnahme auf die Gattungstradition der Sinfonie? Wie wirkt sich das Reihendenken auf die Struktur dieses Satzes aus?
4. Auseinandersetzung mit dem Begriff „atonal".
5. Für Schönberg zeigt die Entwicklung der Musik im Laufe der Geschichte eine fortschreitende Nutzung des natürlichen Materials der Obertonreihe (vgl. M 10). Erörtern Sie vor diesem Hintergrund den neuen Dissonanzbegriff und stellen Sie ihn gegen den Dissonanzbegriff der Spätromantik (Wagner, Bruckner, Mahler).
6. Setzen Sie sich mit Weberns Begriff des „Zusammenhangs" und der „Faßlichkeit" auseinander.
7. Welche Anforderungen stellt eine Reihenkomposition an das Hören? Sollen die verschiedenen Reihenformen (R, K, U, KU) beim Hören wirksam werden? Wie verändert diese Musik das Hören? Welche Aspekte der Komposition erhalten eine neue, welche verlieren ihre alte Bedeutung?
8. Schönberg äußert sich kritisch zur Zwölfton-Analyse. Dem Geiger Rudolf Kolisch, der die Reihe des dritten Streichquartetts mühsam herausgefunden hatte, schreibt er am 27. 7. 1932: „Glaubst Du denn, daß man einen Nutzen davon hat, wenn man das weiß? Ich kann es mir nicht vorstellen... Aber die ästhetischen Qualitäten erschließen sich von da aus nicht, oder höchstens nebenbei. Ich kann nicht oft genug davor warnen, diese Analysen zu überschätzen, da sie ja doch nur zu dem führen, was ich immer bekämpft habe: zur Erkenntnis, wie es *gemacht* ist; während ich immer erkennen geholfen habe: was es *ist!*" (Briefe, Mainz 1958, S. 178/179.) Diskutieren Sie das Problem der reihentechnischen Analyse. Entwickeln Sie Vorstellungen, welchen analytischen Weg man einschlagen könnte, der die ästhetischen Qualitäten eher aufdeckt.

Neue Verfahren und neues Denken

Das Verfahren, mit Zwölftonreihen zu arbeiten, ist – erweitert und verändert – in der kompositorischen Praxis bis heute wirksam geblieben. Was bedeutet diese radikale Abkehr von den jahrhundertelang gültigen musikalischen Denk- und Hörgewohnheiten für das neue kompositorische Denken?
Die Verwendung von Tonreihen besagt, daß sich formaler Zusammenhang nun nicht mehr aus dem funktionalen Bezug auf *einen Grund*ton ergibt, sondern aus den internen Beziehungen zwischen den einzelnen Reihenelementen. Damit wird zugleich die Tonhöhe in ihrer Vorherrschaft im Tonsatz entthront. Die Reihe legt nur die absolute Tonqualität im temperierten System fest (cis = des), nicht den besonderen Tonort, an dem dieses cis oder des erscheint (cis′ oder cis″). Damit geht ein ganz wesentliches Mittel verloren, motivische Identität zu erhalten. In tonaler Musik würden wir ohne weiteres aufgrund der gemeinsamen Gestaltqualität die beiden Melodieformen

als identisch erkennen, nicht aber die folgende Form,

in der die Tonqualitäten zwar erhalten, die Tonorte aber verändert sind. Umgekehrt erscheint es schwierig, es als eine hörpsychologische Tatsache anzuerkennen, daß eine Tonfolge und ihr Krebs identisch sein sollen. Hierin zeigt sich am deutlichsten das veränderte kompositorische Denken, das Schönberg (M 13) in einem Bild anschaulich zu machen versucht hat. So wie wir uns einen beliebigen Gegenstand (z. B. eine Flasche oder eine Uhr) in einem Raum unabhängig von ihrer Lage und Richtung vorstellen können, so kann auch der Komponist in seiner schöpferischen Fantasie mit einer Tonreihe unabhängig von deren Richtung arbeiten. Webern hatte hierfür das magische Quadrat des lateinischen Satzes[1]

S A T O R
A R E P O
T E N E T
O P E R A
R O T A S

zur Verdeutlichung herangezogen. Damit ist dem kompositorischen Denken gewissermaßen eine neue Dimension zugewachsen, die auch den Kompositionen eine neue Bedeutungsdimension erschließt. Akzeptiert man diese Erweiterung im musikalischen Denken, dann verursacht die neue Musik zwar zunächst Hörschwierigkeiten (wie die Skandale bei der Aufführung der ersten nichttonalen Werke beweisen), setzt aber Kunsttradition im Prinzip fort. Die neue Technik schafft so die Möglichkeit, nach der in die Krise geratenen Harmonik wieder „große" Werke (wie z. B. Bergs Opern „Wozzeck" und „Lulu" beweisen) zu schreiben, die als Werke Wirklichkeit reflektieren und zugleich als Kunst der alltäglichen Lebenspraxis entrückt sind.

1 „Der Sämann Arepo hält mit Mühe die Räder [des Pfluges]". Vgl. hier auch die christliche Umdeutung dieses erstmals 79 n. Chr. belegten alten Rebus durch die Formel:

P
A
A T O
E
R
P A T E R N O S T E R
O
S
A T O
E
R

Sie enthält die gleichen Buchstaben wie der Sator-Arepo-Satz, benötigt lediglich A und O (Alpha und Omega in christlicher Symbolik) doppelt.
Siehe auch die Hinweise in der Brockhaus-Enzyklopädie und in Meyers Enzyklopädie, Art. „Sator-Arepo-Formel".

M 13 **Die Einheit des musikalischen Raumes**

Die Einheit des musikalischen Raumes fordert eine absolute und einheitliche Wahrnehmung. In diesem Raum gibt es wie in Svedenborgs Himmel – beschrieben in Balzacs „Seraphita“ – kein absolutes Unten, kein Rechts oder Links, kein Vorne oder Hinten. Jede musikalische Gestalt, jede Tonbewegung ist in erster Linie als eine Wechselbeziehung der Klänge, als eine oszillierende Vibration zu verstehen, die an verschiedenen Orten und zu verschiedenen Zeiten erscheinen kann. Für die Vorstellungs- und Erfindungsfähigkeit sind aber Beziehungen in der Materialsphäre ebenso unabhängig von Richtungen oder Ebenen, wie es materielle Objekte in ihrem Bereich für unsere Wahrnehmungsfähigkeit sind. So wie unser Verstand beispielsweise stets ein Messer, eine Flasche oder eine Taschenuhr unabhängig von deren Position wiedererkennt und diese Dinge in der Vorstellung in jeder beliebigen Lage reproduzieren kann, ebenso kann die musikalische Vorstellungskraft unbewußt mit einer Tonreihe arbeiten, unabhängig von ihrer Richtung und unabhängig davon, wie ein Spiegel die wechselseitigen Beziehungen zeigen würde, die erhalten bleiben.

Aus: Arnold Schönberg: Style and Idea, New York 1950, S. 113/114 (Übers. vom Verf.).

Arbeitsmöglichkeiten und Anregungen

1. Setzen Sie sich mit Schönbergs Idee von dem einheitlichen Vorstellungsraum (M 13) kritisch auseinander und erörtern Sie die damit zusammenhängenden hörpsychologischen Probleme.
2. Setzen Sie sich mit dem literarischen Bezug Thomas Manns („Doktor Faustus“) auf die Zwölftontechnik auseinander. Welche Seite dieser neuen Kunst verkörpert Adrian Leverkühn? Welche Einstellung zur Kunst wird in diesem Roman insgesamt sichtbar? Inwiefern spiegelt der Roman zugleich die Krise der Kunst zu Beginn des 20. Jahrhunderts?

Musica ex machina

Am 20. Februar 1909 brachte die Pariser Tageszeitung „Le Figaro“ auf ihrer Titelseite unter der fetten Überschrift „Le Futurisme“ einen programmatischen Artikel des italienischen Schriftstellers Filippo Tommaso Marinetti (1876–1944), dessen Text als Gründungsmanifest der futuristischen Bewegung gilt (M 14). Der vorangestellte redaktionelle Hinweis, daß die alleinige Verantwortung für den aggressiven Aufruf beim Autor liege, war dazu geeignet, die Neugier der Leser noch zusätzlich anzustacheln. Was sie dort zu lesen fanden, war provokant und schockierend. In pathetischen Erklärungen verkündete Marinetti das Chaos der Zerstörung der abendländischen Kultur, um darauf ein neues Bewußtsein zu gründen, das die moderne Maschinenwelt zum moralischen und ästhetischen Zeichen der Zeit erhebt. So steht der Futurismus am Anfang einer Avantgardebewegung, die in offener Rebellion zum radikalen Traditionsbruch aufruft. Schon die Kennzeichnung der neuen Ideen als „Futurismus“ im Gegensatz zum Vergangenheitskult (dem „Passatismus“) läßt erkennen, daß der Blick gebannt nach vorne auf den technischen Fortschritt gerichtet war. „Ganz einfach ausgedrückt bedeutet Futurismus: Haß auf die Vergangenheit“ – so erklärte Marinetti[1] seinen Zeitgenossen die futuristische Ideologie. Ihr ging es um weit mehr als nur um eine neue Kunstrichtung; vielmehr war der Futurismus Ausdruck einer umfassenden Avantgardebewegung, in der sich soziale, gesellschaftliche und mehr und mehr auch politische Aspekte mit ästhetischen mischten. Statt einer Kunst, die vom alltäglichen Leben abgehoben ist, forderten die Futuristen Aktionen,

1 Zit. nach: Eugen Mayer-Rosa: Musik und Technik, Wolfenbüttel 1974, S. 23.

LE FIGARO

Samedi 20 Février 1909

H. DE VILLEMESSANT
Fondateur

RÉDACTION — ADMINISTRATION
26, rue Drouot, Paris (9e Arr)

TÉLÉPHONE, Trois lignes : Nos 102.46 — 102.47 — 102.49

Le Futurisme

M. Marinetti, le jeune poète italien et français, au talent remarquable et fougueux, que de retentissantes manifestations ont fait connaître dans tous les pays latins, suivi d'une pléiade d'enthousiastes disciples, vient de fonder l'Ecole du « Futurisme » dont les théories dépassent en hardiesse toutes celles des écoles antérieures ou contemporaines. Le *Figaro* qui a déjà servi de tribune à plusieurs d'entre elles, et non des moindres, offre aujourd'hui à ses lecteurs le manifeste des « Futuristes ». Est-il besoin de dire que nous laissons au signataire toute la responsabilité de ses idées singulièrement audacieuses et d'une outrance souvent injuste pour des choses éminemment respectables et, heureusement, partout respectées? Mais il était intéressant de réserver à nos lecteurs la primeur de cette manifestation, quel que soit le jugement qu'on porte sur elle.

„Le Figaro" vom 20. Februar 1909 mit dem Gründungsmanifest des Futurismus von Filippo Tommaso Marinetti

die unmittelbar in die Lebenspraxis eingriffen. Bei der Vermittlung dieser Absichten spielten verbale Proklamationen und Manifeste eine ganz wichtige Rolle. Sie formulieren nicht einen theoretischen Kommentar, sondern sind selbst Teil der revoltierenden Bewegung.

Die Ästhetik des Futurismus wird aus der Faszination gespeist, die von den technischen Errungenschaften, von den Kraftwerken und Fabriken, von der Dynamik großer Massen und der maschinellen Beschleunigung des Tempos ausging. Die euphorische Begeisterung über den technischen Fortschritt führte zur Verherrlichung der entseelten Maschinenwelt, in der man die Gefühlsentleerung des mechanischen Menschen zum Ideal erhob.

„Der Mensch der Zukunft wird das Herz auf seine wahre Funktion als Verteiler zurückführen. Das Herz muß in mancher Hinsicht eine Art Magen des Gehirns werden... Es begegnen sich heute schon viele Menschen, die ihr ganzes Leben fast ohne Liebe verbringen, in einer schönen, stahlfarbigen Atmosphäre. Trachten wir, daß die Zahl dieser exemplarischen Menschen sich vermehre. Diese energischen Wesen machen abends keinen Besuch bei ihrer sanften Geliebten, aber sie konstatieren jeden Morgen mit liebevoller Sorgfalt den Fortschritt in ihrer Fabrik."[1]

Solche zutiefst menschenverachtende Unterdrückung aller Gefühlsregungen gipfelt schließlich in der Verherrlichung des Krieges als „alleiniger Hygiene der Welt" (M 14.1) und entwirft eine „Ästhetik des Krieges", der „die erträumte Metallisierung des menschlichen Körpers"[2] ermöglicht. Damit war der Weg des Futurismus in den italienischen Faschismus vorgezeichnet.

Betrachtet man demgegenüber die erhaltenen Werke der futuristischen Maler und Musiker, wird man überrascht feststellen, daß der künstlerische Anspruch weit hinter den ästhetischen Forderungen der Programme zurückbleibt. So ist die „Musica futurista per orchestra" von Francesco Balilla Pratella (1880–1955) in ihrer kompositorischen Struktur durch und durch traditionell und wirkt mit den eröffnenden Ganztonskalen eher bieder als avantgardistisch.

1 Filippo Tommaso Marinetti, zit. nach: Der musikalische Futurismus, Graz 1976, S. 79.
2 Marinetti, ebd., S. 18.

Francesco Balilla Pratella: Musica futurista per orchestra op. 30, Klavierauszug

Edizione F. Bongiovanni, Bologna 1912.

Der Musik gab allein Luigi Russolo (1885–1947) – ein Außenseiter, der nie mit dem Faschismus in Verbindung stand – mit seinen Geräuschexperimenten interessante und in die Zukunft weisende Impulse. Ursprünglich als Maler ausgebildet und als Restaurator tätig, führte er die Poesie der Geräusche in die Musik ein und entwickelte zu ihrer musikalischen Handhabung ein eigenes Instrumentarium, die „intonarumori" (Geräuschtöner) und später das „rumorarmonio" (Geräuschharmonium). Für sie schrieb er programmatische Stücke wie „Erwachen einer Stadt", „Mittagessen auf der Terrasse des Kursaals" und „Zusammentreffen der Aeroplane und Automobile", die am 21. April 1914 als „Erstes großes futuristisches Konzert für Geräuschtöner" unter seiner Leitung in Mailand aufgeführt wurden. Die „intonarumori", die er sechs verschiedenen Geräuschfamilien zuordnet, treten aber auch in Verbindung mit traditionellen Instrumenten auf. Russolo warnte davor, die Geräuschkunst („Bruitismus") auf eine reine Imitation realer technischer Geräusche zu beschränken, und wollte statt dessen seine abgestufte Skala von Geräuschfarben rein ästhetisch als stilisiertes Klangmaterial verstanden wissen. Dennoch läßt sich die vorherrschend illustrative Verwendung der intonarumori nicht ganz verleugnen. So setzt Pratella in seiner Fliegeroper „L'Aviatore Dro" (Der Flieger Dro) auch „Berster", „Summer" und „Zischer" ein, um den Bereich der Maschinengeräusche darzustellen.

Luigi Russolo (links) mit dem Maler Ugo Piatti im Mailänder Studio mit verschiedenen Geräuschtönern, 1914

Mechanismus eines kurbelgetriebenen Geräuschtöners

Der durch ein Laufrad in Schwingung versetzte Faden (Saite) ist unmittelbar mit der Membran eines Lautsprechers verbunden.
Die originalen „intonarumori“ Russolos sind alle im 2. Weltkrieg zerstört worden. Die Abb. zeigt eine Rekonstruktion nach den originalen Konstruktionsskizzen.

Umberto Boccioni: Karikatur Luigi Russolos als Dirigent mit Instrumenten und Geräuschtönern, ca. 1911

Luigi Russolo: Erwachen einer Stadt (1914)

Nach der Reproduktion der ersten Partiturseiten in der Florentinischen Zeitschrift „Lacerba" vom 1. März 1914.
Die verwendeten Geräuschtöner sind von oben nach unten: Heuler, Dröhner, Knatterer, Krächzer, Berster, Summer, Gurgler, Zischer.

THÉATRE DES CHAMPS ELYSÉES - PARIS

(Direction JACQUES HÉBERTOT)

le Vendredi 17
le Lundi 20
le Vendredi 24 Juin 1921

3 CONCERTS EXCEPTIONNELS

DES

BRUITEURS FUTURISTES ITALIENS

inventés par LUIGI RUSSOLO
et construits par lui en collaboration avec UGO PIATTI

Les concerts seront dirigés
par le Maestro ANTONIO RUSSOLO
auteur des six compositions musicales pour bruiteurs

CAUSERIE PRÉLIMINAIRE
de M. MARINETTI

Les bruiteurs futuristes ne sont pas des instruments bizarres et cacophoniques. Les bruiteurs futuristes sont des instruments de musique absolument nouveaux qui donnent, avec des timbres nouveaux (dont plusieurs très doux), toute la gamme musicale.

Ankündigung der drei Konzerte, die Russolo im Juni 1921 in Paris gab

Unten auf dem Plakat findet sich folgende Erläuterung: „Die futuristischen Bruiteurs sind keine bizarren und kakophonen Instrumente. Es sind völlig neue Musikinstrumente, die mit neuen Klangfarben (darunter mehreren sehr anmutigen) die vollständige musikalische Tonleiter wiedergeben."

1921 stellte Russolo seine Geräuschtöner in drei Konzerten in Paris vor. Sein Bruder Antonio dirigierte mehrere eigene Kompositionen, in denen 27 Geräuschtöner mit einem Ensemble von Streichern, Holzbläsern, Trompete, Harfe und Schlagzeug vereint wurden. Obwohl das erste dieser Konzerte in einem lautstark von Dadaisten inszenierten Spektakel unterzugehen drohte, verfehlte es doch nicht seine Wirkung auf die anwesenden Komponisten Manuel de Falla, Maurice Ravel, Alfredo Casella, Igor Strawinsky u. a. sowie auf den Maler Mondrian.

In der Suche nach neuen Klangmöglichkeiten jenseits traditioneller Tonsysteme unter Einbeziehung von Geräuschen trifft sich Edgard Varèse (1883–1965) mit den Futuristen. Mit den Mitteln der vorhandenen Geräuschinstrumente (Schlaginstrumente) hat er Geräuschkompositionen geschrieben, deren bekannteste, „Ionisation" für 39 Schlaginstrumente, im Jahre 1931 entstanden ist (M 16). Die vordergründige Alltagsnähe des Bruitismus lehnte er aber ab. Ihm ging es vielmehr um die Organisation räumlicher Klangvorstellungen, die die Entwicklung neuer (elektronischer) Instrumente erforderlich machte (M 15). „Die Futuristen setzen auf die reine Reproduktion von Geräuschen, ich glaube an die Verwandlung der Geräusche in Musik."[1] Zur Entwicklung der elektronischen Musik nach 1950 haben Varèses Arbeiten mehr beigetragen als die naiven Geräuschimitationen der Futuristen.

1 Edgard Varèse, zit. nach Chou Wen-Chung in: Musical Quarterly 1966, S. 156.

Den destruktiven Impuls der Futuristen haben auch die Dadaisten in ihrer zum künstlerischen Prinzip erhobenen Gestaltung der Sinnlosigkeit aufgegriffen. In Zürich gründete 1916 während des 1. Weltkriegs ein Kreis von emigrierten Intellektuellen und Künstlern das „Cabaret Voltaire", in dem schon bald Hugo Ball in fantastischer Kostümierung mit Schamanenhut und flügelartigem Kragen seine Lautgedichte wie Musik vortrug. Während aber bei den Soiréen der Dadaisten im „Cabaret Voltaire" noch überwiegend traditionelle Kompositionen von Liszt bis Schönberg erklangen, vermittelt der Bericht über eine Aufführung im Berliner Kreis um Raoul Hausmann und Richard Hülsenbeck einen Eindruck von dadaistischer Musikinterpretation. Der Maler und Komponist Efim Golyscheff eröffnete seinen Klaviervortrag mit folgenden Worten:

„Man spielt Ihnen DIE ANTISYMPHONIE in drei Teilen (Die Kreisguillotine)

a) Die provokante Spritze

b) Die chaotische Mundhöhle

c) Das biegsame super FA

Eh, eh, Herr Johann Sebastian Bach, Ihre wohltemperierte Unordnung erlebt den Krach mit der dodekaistischen Antisymphonie! Aus und vorbei mit dem tönenden Zopf einer, ach so herrlich begründeten Tradition! Dada siegt auch in Tönen! Meine Herrschaften, Ihre eingerosteten Ohren klingen? Lassen Sie sich durch die musikalische Kreissäge zersägen! Spülen Sie die Reste Ihrer Stimme mit Golyscheff aus Ihrer chaotischen Mundhöhle!"[1]

Die Rebellion der jungen Generation gegen die Tradition war um 1910 ein europäisches Phänomen. „Die künstlerische Jugend Europas war einig; sie war entschlossen, das Unmögliche zu tun, Ballast abzuwerfen und ihr Schaffen von der verderblichen Last der Vergangenheit zu befreien ... eine ganz einfache Lebensnotwendigkeit. Noch ahnte niemand, daß die infernalischen Bilder des ersten futuristischen Manifests in künftigen Weltkriegen Wirklichkeit werden, daß Museen zusammenstürzen und Bibliotheken ausbrennen würden. Aber sie hätten es gutgeheißen. Keinesfalls konnten sie voraussehen, daß man immer fortfahren würde, jene alte Welt zu restaurieren, unter Denkmalschutz zu hüten oder gar nach dem Original wiederzuerrichten."[2]

Ihr Traditionsbruch steht dabei im Gegensatz zu der künstlerischen Epochenwende, die in der Bildenden Kunst mit dem Übergang zur abstrakten Malerei und in der Musik mit der Entwicklung zur Atonalität eintrat. Demgegenüber vollzog sich die Revolte der Avantgardebewegungen weitgehend außerhalb der Musik. Aber der Impuls, der von der neuen Geräuschästhetik des Bruitismus ausging, hat weit ins 20. Jahrhundert hineingewirkt. Ohne die Ideen des Futurismus wären weder die Entwicklung der „musique concrète" noch die Klang- und Materialexperimente der 60er Jahre zu denken.

M 14 Futuristische Manifeste

14.1 Filippo Tommaso Marinetti: Gründungsmanifest des Futurismus (1909)

1. Wir wollen die Liebe zur Gefahr, die Vertrautheit mit Energie und Verwegenheit besingen.
2. Mut, Kühnheit und Auflehnung werden die Wesenselemente unserer Dichtung sein.

1 Raoul Hausmann: Am Anfang war Dada, Steinbach 1972, S. 105 f.

2 Fred K. Prieberg: Musica ex machina, Frankfurt am Main 1960, S. 27.

3. Bis heute hat die Literatur die gedankenschwere Bewegungslosigkeit, die Schwärmerei und den Schlaf verherrlicht. Wir wollen die aggressive Bewegung preisen, die fiebrige Schlaflosigkeit, den Sturmschritt, den Salto mortale, die Ohrfeige und den Faustschlag.
4. Wir erklären, daß sich die Herrlichkeit der Welt um eine neue Schönheit bereichert hat: die Schönheit des Tempos. Ein Rennauto, dessen Kühler dicke Rohre schmücken gleich Schlangen mit explosivem Odem..., ein heulendes Automobil, das auf einer Kartätschenladung zu laufen scheint, ist schöner als die Nike von Samothrake.

...

7. Schönheit gibt es nur noch im Kampf. Kein Meisterwerk ohne aggressiven Charakter...
8. Wir stehen auf dem äußersten Vorgebirge der Jahrhunderte!... Wozu hinter uns schauen in dem Augenblick, da es notwendig ist, die geheimnisvollen Türen des Unmöglichen zu durchbrechen? Zeit und Raum sind gestern gestorben. Wir leben bereits im Absoluten, denn wir haben schon die ewige, allgegenwärtige Geschwindigkeit erschaffen.
9. Wir wollen den Krieg – die alleinige Hygiene der Welt – verherrlichen, den Militarismus, den Patriotismus, die Vernichtungstat der Anarchisten, die schönen Ideen, die töten, und die Verachtung des Weibes.
10. Wir wollen die Museen und Bibliotheken zerstören und den Moralismus, den Feminismus und jede opportunistische und eigennützige Feigheit bekämpfen.
11. Wir wollen die Menschenmassen preisen, bewegt von der Arbeit, dem Vergnügen oder der Revolte; die bunte, vielstimmige Brandung des Getriebes in den modernen Großstädten; die nächtlich vibrierende Glut der Arsenale und Baustellen unter ihren grellen elektrischen Monden; die gefräßigen Bahnhöfe, die rauchende Schlangen verschlingen; die Fabriken, die mit den Fäden ihres Rauchs an den Wolken hängen; die Brücken, die wie Athleten Flüsse überspringen, welche wie eine teuflische Messerschmiede in der Sonne blitzen; die abenteuersuchenden Dampfschiffe, die den Horizont wittern; die breitbrüstigen Lokomotiven, die über die Schienen stampfen gleich riesigen Eisenrössern, mit langen Röhren gezäumt, und den gleitenden Flug der Flugzeuge, deren Propeller wie eine Fahne im Wind knattern und wie Beifallsstürme einer begeisterten Menge rauschen.

Von Italien aus schleudern wir dieses Manifest mitreißender und zündender Gewalt in die Welt, womit wir heute den *Futurismus* gründen; denn wir wollen dieses Land von dem Krebsgeschwür der Professoren, Archäologen, Fremdenführer und Antiquare befreien... wir wollen von der Vergangenheit nichts wissen, wir jungen und starken *Futuristen!*
Mögen doch die lustigen Brandstifter kommen mit ihren rußigen Fingern! Hier! Da sind sie! Drauf! Legt Feuer an die Regale der Bibliotheken!... Leitet den Lauf der Kanäle ab, um die Museen zu überschwemmen!... Oh, welche Freude, auf dem Wasser die alten, ruhmreichen Bilder zerfetzt und entfärbt treiben zu sehen!... Ergreift die Hacken, die Äxte und Hämmer und reißt nieder, untergrabt ohne Erbarmen die Fundamente der ehrwürdigen Stätten.

...

Aufrecht auf dem Gipfel der Welt schleudern wir noch einmal unsere Herausforderung in die Sterne!

Aus: Le Figaro, Paris, 20. Februar 1909. Aus dem Französischen übertr. vom Verf. unter teilweiser Verwendung der Übersetzung von Ch. Baumgarth und H. Hohenemser, in: U. Apollonio (Hrsg.): Der Futurismus, Köln 1972, S. 33 ff.

14.2 Francesco Balilla Pratella: Die futuristische Musik (1911)

Alle, die Neues geschaffen haben, sind logischerweise in ihrer Zeit Futuristen gewesen. Palestrina hätte Bach für verrückt gehalten, und das gleiche hätte Bach von Beethoven und Beethoven von Wagner gedacht. Rossini rühmte sich, die Musik Wagners endlich begriffen zu haben, nachdem er sie rückwärts gelesen hätte. Als Verdi die Ouvertüre zum Tannhäuser gehört hatte, schrieb er in einem Brief an einen Freund, Wagner sei verrückt. Wir stehen folglich am Fenster eines glorreichen Irrenhauses...

Wir Futuristen erklären, daß die verschiedenen, bisher üblichen Tonleitern, daß die verschiedenen Empfindungen von Dur, Moll, übermäßigem und vermindertem Intervall und daß sogar die neuen Tonleitern für Ganztöne nichts anderes sind als Teile einer einzigen harmonischen und atonalen Tonleiter. Wir erklären ferner, daß Konsonanzen und Dissonanzen keine Werte darstellen. ...

Man muß:

... in die Musik alle die neuen Ausdrücke der Natur tragen, die vom Menschen mit Hilfe der fortwährenden Entdeckungen der Naturwissenschaft immer auf neue Weise beherrscht wird; die musikalische Seele der Masse, der großen Industriewerke, der Züge, der Überseedampfer, der Schlachtschiffe, der Autos und der Flugzeuge wiedergeben; zu den großen zentralen Motiven der musikalischen Dichtung die Herrschaft der Maschine und den Sieg der Elektrizität fügen.

Zit. nach: U. Apollonio (Hrsg.): Der Futurismus. Dokumente einer künstlerischen Revolution, Köln 1972, S. 44, 46, 58.

14.3 Luigi Russolo: Die Geräuschkunst (1913)

Die Kunst der Musik suchte und erreichte zuerst die Reinheit und die Klarheit, die Süße des Tones, dann verschmolz sie verschiedene Töne, wobei sie jedoch immer bestrebt war, dem Ohr mit lieblichen Harmonien zu schmeicheln. Heute wird die Musik immer komplizierter. Sie sucht jene Tonkombinationen, die für das Ohr sehr dissonant, fremdartig und herb klingen. Wir nähern uns so immer mehr dem Geräusch.

...

Wir Futuristen haben die Harmonie der großen Meister sehr geliebt und bis auf den Grund ausgekostet. Beethoven und Wagner haben jahrelang unsere Nerven und unsere Herzen viele Jahre lang erschüttert. Aber jetzt haben wir sie satt und verspüren einen weit größeren Genuß, wenn wir im Geist die Geräusche der Straßenbahn, des Explosionsmotors, der Wagen und der lärmenden Menge kombinieren, als zum Beispiel beim nochmaligen Anhören der Eroica oder Pastorale. Wir können den enormen Aufwand, den ein modernes Orchester darstellt, nicht sehen, ohne zugleich zutiefst von seinen dürftigen akustischen Ergebnissen enttäuscht zu sein. Gibt es ein lächerlicheres Schauspiel als zwanzig Männer, die sich abmühen, das Miauen einer Geige zu verdoppeln?...

Wir haben Spaß daran, den Krach der Jalousien der Geschäfte, der zugeworfenen Türen, den Lärm und das Scharren der Menge, die verschiedenen Geräusche der Bahnhöfe, Spinnereien, Druckereien, Elektrizitätswerke und Untergrundbahnen zu orchestrieren.

...

Jede Äußerung unseres Lebens ist von Geräuschen begleitet. Das Geräusch ist folglich unserem Ohr vertraut und vermag uns unmittelbar in das Leben zu versetzen. Während der Ton, der nicht am Leben teilhat, der immer musikalisch eine Sache für sich und ein zufälliges, nicht notwendiges Element ist, bereits für unser Ohr das geworden ist, was für das Auge ein allzu bekanntes Gesicht ist, offenbart sich hingegen das Geräusch, das verworren und unregelmäßig aus dem unregelmäßigen Gewirr des Lebens zu uns dringt, niemals ganz und hat zahllose Überraschungen für uns bereit. Wir sind deshalb sicher, daß wir durch Auswahl, Koordinierung und Beherrschung aller Geräusche die Menschen um eine neue, ungeahnte Wollust bereichern können. Obwohl die Eigenart des Geräusches darin besteht, uns brutal ins Leben zu versetzen, *darf sich die Geräuschkunst nie auf eine imitative Wiederholung des Lebens beschränken.* Sie wird ihre größte Emotionsfähigkeit aus dem akustischen Genuß selbst schöpfen, den die Inspiration des Künstlers aus den Geräuschkombinationen zu ziehen versteht.

Brief Russolos an Pratella vom 11. März 1913; zit. nach der Übers. von Ch. Baumgarth und H. Hohenemser, in: U. Apollonio (Hrsg.): Der Futurismus, Köln 1972, S. 87f., 106f.

M 15 Edgard Varèse und der organisierte Klang

15.1 Wir finden es nötig, veraltete Werkzeuge durch andere zu ersetzen, die durch neue Bedürfnisse angefordert werden, und wir finden, daß das Boulder-Kraftwerk uns besser ausdrückt als die ägyptischen Pyramiden und die gotischen Kathedralen. Aber in der Musik muß sich der Komponist noch mit Instrumenten begnügen, die wie die Streicher schon vor zwei Jahrhunderten vervollkommnet waren. Für unseren täglichen Gebrauch hat menschlicher Geist etwas Bequemeres ausgearbeitet als die Handpumpe. Aber wir fahren fort, in einen veralteten und komplizierten Mechanismus von Röhren zu blasen, während gleichzeitig ein unzulängliches Notationssystem uns nicht einmal erlaubt, alle Töne zu notieren, die solche Instrumente produzieren können...

Ganze Sinfonien von neuen Tönen sind in der industriellen Welt aufgekommen und bilden unser ganzes Leben lang einen Teil unseres täglichen Bewußtseins...

Und die Komponisten, die nicht nur gute physische Ohren haben, sondern auch mit dem inneren Ohr begabt sind, dem Ohr der Erfindungskraft, sie hören seit Jahren eine neue Musik, zusammengesetzt aus Tönen, die ihnen die alten Instrumente nicht liefern können...; die elektrischen Instrumente sind der erste bedeutungsvolle Schritt zur Befreiung der Musik. Was die Zukunft betrifft – es versteht sich, daß ich von der Instrumentalmusik spreche, nicht von vokaler – so wird der Interpret verschwinden, wie der Geschichtenerzähler aus der Dichtkunst verschwunden ist, als der Buchdruck erfunden war.

Edgard Varèse, zit. bei H. Steinhardt: Varèse – unbegriffener Prophet einer kosmischen Schallwelt, in: Melos 1971, S. 294.

15.2 Meine Musik basiert auf der Bewegung von aufeinander unbezogenen Klangmassen, in dem Sinne unbezogen, daß sie sich gleichzeitig in verschiedenen Geschwindigkeiten bewegen; und ich freute mich auf die Zeit, da die Wissenschaft die Mittel der Verwirklichung beistellen würde. Nun ist dank der Elektronik eine in diesem Sinne unverbundene metrische Simultaneität schließlich in den Bereich der Möglichkeiten gerückt worden.

Edgard Varèse: Erinnerungen und Gedanken, in: Darmstädter Beiträge III, Mainz 1960, S. 69.

15.3 Der Physiker, Musikologe und Philosoph der ersten Hälfte des 19. Jahrhunderts Hoene-Wroński definierte die Musik als die „Verkörperung der Intelligenz, die in den Klängen ist". Es war für mich eine neue, aufregende und die erste völlig einleuchtende Konzeption von Musik. Hier lag für mich wahrscheinlich der erste Ansatzpunkt, mir Musik räumlich vorzustellen, mir die Klänge als bewegliche Tonkörper im Raum zu denken, eine Konzeption, die ich selbst stufenweise entwickelte und realisierte.

Varèse, ebd., S. 65. (Vgl. auch M 14.)

M16 Edgard Varèse: Ionisation (1931)

Colfranc Music Publ., New York.

Colfranc Music Publ., New York.

M17 Dadaistische Texte

17.1 Hugo Ball (1917)

KARAWANE

jolifanto bambla ô falli bambla
grossiga m'pfa habla horem
égiga goramen
higo bloiko russula huju
hollaka hollala
anlogo bung
blago bung
blago bung
bosso fataka
ü üü ü
schampa wulla wussa ólobo
hej tatta gôrem
eschige zunbada
wulubu ssubudu uluw ssubudu
tumba ba- umf
kusagauma
ba - umf

Erste Veröffentlichung im Dada-Almanach, 1920. Aus: Dada. Gedichte. Dichtungen der Gründer, hrsg. von Peter Schifferli, Zürich 1957.

17.2 Kurt Schwitters: Porträt Rudolf Blümner

Der Stimme schwendet Kopf verquer die Beine.
Greizt Arme qualte schlingern Knall um Knall.
Unstrahlend ezen Kriesche quäke Dreiz.
Und Knall um Knall.
Verquer den Knall zerrasen Fetzen Strammscher quill.
Und Knall um Knall.
Und Knall um Knall.
Kreuzt Arme beinen quillt den Stuhl.
Der Stuhl ist eine Schraube, klammerwinden Stramm.
Und Knall um Knall der Stimme köpft.
Die Beine schrauben Arme würgend liß.

Aus: Lyrik des expressionistischen Jahrzehnts, München 1962, S. 186.

Arbeitsmöglichkeiten und Anregungen

1. Wie erklären Sie sich in dem ersten futuristischen Manifest den Widerspruch zwischen poetischer Sprache und radikalem Inhalt?
2. Vergleichen Sie die Äußerungen Varèses mit der Haltung der Futuristen. Stellen Sie Gemeinsamkeiten und Unterschiede zusammen.
3. Setzen Sie die Außenseiterrolle Varèses mit der musikalischen Entwicklung in Beziehung, die im Schönberg-Kreis zur Atonalität führte.
4. Die stark kulturkritischen Ansätze der Futuristen und Dadaisten wurden von der „Neo-Avantgarde" nach 1950 erneut aufgegriffen, die mit schockierenden und provozierenden Aktionen Bewußtsein herstellen wollten. Verfolgen Sie die Auswirkungen der historischen Avantgardebewegungen um 1910 auf die Neue Musik nach 1950, in der ebenfalls der

Werkbegriff verworfen, das Geräusch zum musikalischen Material erhoben und die provozierende Aktion in den Vordergrund gerückt wurde (vgl. z. B. Cage: 4'33''; Ligeti: Poème Symphonique für 100 Metronome u. ä.).

„... der kleine Modernsky"

Wir waren bei dem Beispiel des Stilwandels um 1910 von den Wirkungen und Reaktionen ausgegangen, die die neuen Stücke Weberns und Schönbergs beim Publikum der Jahrhundertwende auslösten. Fragen wir nun auch danach, wie das Verhältnis innerhalb der verschiedenen Entwicklungsstränge neuer Musik um 1920 aussah.

Am 12. November 1925 beendete Schönberg drei Chorsatiren (für gemischten Chor op. 28; vgl. M18). Den Text hatte er selber verfaßt. Die zweite Satire lautet:

VIELSEITIGKEIT
Ja, wer tommerlt denn da?
Das ist ja der kleine Modernsky!
Hat sich ein Bubizopf schneiden lassen;
sieht ganz gut aus!
Wie echt falsches Haar!
Wie eine Perücke!
Ganz (wie sich ihn der kleine Modernsky vorstellt),
ganz der Papa Bach!

Die zwölftönige Komposition stellt einen strengen doppelten Spiegelkanon dar, wobei der Alt kanonisch die Vergrößerung des Tenors enthält. Schönberg setzt also der Reihentechnik alte niederländische Kanonkünste „wie echt falsches Haar! wie eine Perücke" auf. Mit dem „kleinen Modernsky" wird Strawinsky verhöhnt und mit ihm alle die, die alte Stilprinzipien modisch verfremdet als neue Musik ausgeben. Die satirischen Pfeile seiner drei Chorstücke gelten ganz generell dem neuaufkommenden *Neoklassizismus*.

Die Stunde des Neoklassizismus, also einer kompositorischen Richtung, die auf historische, „klassische" Vorbilder zurückgreift, war gekommen, nachdem die Erschütterungen der Avantgardebewegung verebbt waren (musikalisch blieb der Futurismus bloß Episode, der Dadaismus fürs erste ganz ohne Bedeutung) und nachdem andererseits aber auch eine Fortsetzung spätromantischer Musik nach der Erfahrung der Katastrophe des 1. Weltkriegs unmöglich war. Jetzt mußte die Möglichkeit einer zeitgenössischen Musik verlokkend wirken, die auf bekannte Stilmittel der alten Musik zurückgriff und durch instrumentale Verfremdung zwar neu wirkte, aber dennoch breiteren Hörerschichten zugänglich war. Als Musiker, die die konkurrierenden Richtungen der Neuen Musik am deutlichsten repräsentieren, galten Strawinsky und Schönberg. Und auf den ersten Blick scheint der Stilwandel nicht krasser gezeigt werden zu können als im Neben- und Gegeneinander von Schönbergs Dodekaphonie und Strawinskys Neoklassizismus. Theodor W. Adorno hat 1948 seine „ Philosophie der neuen Musik" an der Polarität von Schönberg und Strawinsky entwickelt. Ihm erschien Schönberg, der „allein den gegenwärtigen objektiven Möglichkeiten des musikalischen Materials gerecht wird und seinen Schwierigkeiten konzessionslos sich stellt"[1], schlechthin als Repräsentant des musikalischen Fortschritts, dem er Strawinsky als Repräsentanten der Restauration gegenüberstellte. Dieser Gedanke mag zunächst bestechend sein, kann aber nicht die Einsicht verdecken, daß beide – wenn auch auf ganz verschiedene Art und Weise – in der schwierigen Phase des stilistischen Umbruchs

1 Theodor W. Adorno: Philosophie der neuen Musik, Frankfurt am Main 1958, S. 60.

auf historische Formen zurückgegriffen haben: Schönberg auf die Formen der Suite, der Serenade, des Konzerts und insbesondere auf die motivisch-thematische Arbeit und die kontrapunktisch lineare Schreibweise; Strawinsky auf die Motorik des Barock (Violinkonzert), auf Tanztypen wie Tango, Walzer und Ragtime (Geschichte vom Soldaten), auf die Form der französischen Ouvertüre (Anfang des Konzerts für Klavier und Bläser) oder die pianistische Virtuosität Carl Maria von Webers (Capriccio). Es hieße aber, es sich zu einfach zu machen, wollte man (unter Berufung auf Schönbergs Spott und Adornos Polemik) im Neoklassizismus Strawinskys nur restaurative oder gar modische Tendenzen erblicken. Eine interessante und zugleich tragfähige Erklärung bietet die Theorie des russischen Formalismus (Viktor Šklovskij u. a.), wonach die „Deformation“ und „Verfremdung“ einer historischen Vorlage neue Hörweisen und Wahrnehmungsmöglichkeiten hervorruft. Wenn Strawinsky die regelmäßige Motorik einer barocken Vorlage (sei es in der Pulcinella-Suite, sei es im Violinkonzert) durch unregelmäßige Melodiebildungen und verquere Akzente stört, dann liegt hier nicht nur für das Erlebnis dieser Musik ein qualitativer Unterschied zur Übernahme einer historischen Stilform oder Technik vor.

Dies bringt uns auf zwei grundsätzliche Fragen, die weiter erörtert werden könnten:

1. Wie hat sich Stilwandel in früheren Jahrhunderten vollzogen? Lassen sich dort ähnlich divergierende Tendenzen und Brüche feststellen? Gibt es ähnlich schroffe Reaktionen auf einen neu eintretenden Stil?

2. Was bedeutet es, wenn Komponisten Stilelemente früherer Epochen aufgreifen, sei es, um sie historisierend am Leben zu erhalten oder zu neuem Leben zu erwecken, sei es, um sie verfremdend einem neuen Zusammenhang einzuverleiben, sei es, um sie im Prozeß individueller Aneignung künstlerisch zu verwandeln?

M18 Arnold Schönberg: Vielseitigkeit (1925)

Drei Satiren für gemischten Chor op. 28 (1925), Nr. 2 „Vielseitigkeit“, aus: Arnold Schönberg, Sämtliche Werke, Abt. V, Reihe A, Bd. 18, S. 70–71, © 1926 by Universal Edition AG Wien, © renewed 1953.

M19 Igor Strawinsky: Der Königsmarsch (1918)

Lecteur: Nouveau coup de poing: „ou je vais? je vais chez le Roi!"
Vorleser: „Zum König! Könnt Ihr denn noch fragen?"
Reader: New blows with the fist: "Where am I going? Going to see the King!"

*) de la membrane

Aus: Die Geschichte vom Soldaten (1918), J. & W. Chester, London.

M20 Adornos Philosophie der neuen Musik

20.1 Zur Erkenntnis der Bewegungsgesetze des Materials

Die Forderungen, die vom Material ans Subjekt ergehen, rühren vielmehr davon her, daß das „Material" selber sedimentierter Geist, ein gesellschaftlich, durchs Bewußtsein von Menschen hindurch Präformiertes ist. Als ihrer selbst vergessene, vormalige Subjektivität hat solcher objektive Geist des Materials seine eigenen Bewegungsgesetze... Es gibt moderne Kompositionen, die in ihren Zusammenhang gelegentlich tonale Klänge einstreuen. Kakophonisch sind solche Dreiklänge und nicht die Dissonanzen. Als deren Stellvertreter mögen sie zuweilen sogar gerechtfertigt sein... Damit aber wandelt sich zugleich das Bild des Komponisten... Was er tut, liegt im unendlich Kleinen. Es erfüllt sich in der Vollstreckung dessen, was seine Musik objektiv von ihm verlangt. Aber zu solchem Gehorsam bedarf der Komponist allen Ungehorsams, aller Selbständigkeit und Spontaneität. So dialektisch ist die Bewegung des musikalischen Materials.

Aus: Theodor W. Adorno: Philosophie der neuen Musik, Frankfurt am Main 1958, S. 36, 37, 39.

20.2 Zur Deutung der neuen Musik

Die Welt ist die Sphinx, der Künstler ihr verblendeter Ödipus und die Kunstwerke von der Art seiner weisen Antwort, welche die Sphinx in den Abgrund stürzt. So steht alle Kunst gegen die Mythologie. In ihrem naturhaften „Material" ist die „Antwort", die eine mögliche und richtige Antwort, allemal schon enthalten, aber ungeschieden. Sie zu geben, was schon da ist auszusprechen und das Gebot des Vieldeutigen durch das Eine zu erfüllen, das von je in jenem Gebot liegt, ist zugleich das Neue, das über das Alte hinausgeht, indem es ihm genügt. Darin, für das Niegewesene immer wieder Schemata des Bekannten zu entwerfen, liegt der ganze Ernst der künstlerischen Technik. Er ist aber um so größer, da doch heute die Entfremdung, die in der Konsistenz der künstlerischen Technik gelegen ist, den Gehalt des Kunstwerks selber bildet. Die Schocks des Unverständlichen, welche die künstlerische Technik im Zeitalter ihrer Sinnlosigkeit austeilt, schlagen um. Sie erhellen die sinnlose Welt. Dem opfert sich die neue Musik. Alle Dunkelheit und Schuld der Welt hat sie auf sich genommen. All ihr Glück hat sie daran, das Unglück zu erkennen; all ihre Schönheit, dem Schein des Schönen sich zu versagen.

Ebd. S. 119.

20.3 Schönberg und Strawinsky

Die historische Innervation Strawinskys und seiner Gefolgschaft ließ davon sich verlocken, der Musik durch Stilprozeduren ihr verpflichtendes Wesen aufs neue einzubilden... Der Geist von Autoren wie Strawinsky reagiert heftig gegen die nicht durch das Allgemeine sichtbar bestimmte Regung; eigentlich gegen alle Spur des gesellschaftlich Unerfaßten. Es ist ihr Vorsatz, die Authentizität der Musik pointierend wiederherzustellen: ihr den Charakter des Bestätigten von außen aufzuprägen, sie mit der Gewalt des So-und-nicht-anders-sein-Könnens auszustaffieren. Die Musik der Wiener Schule hofft der gleichen Gewalt durch unbegrenzte Versenkung in sich selber, durch Organisation teilhaftig zu werden: ihrer zackigen Erscheinung jedoch geht sie ab. Selbst Vollzug, will sie vom Hörer mitvollzogen, nicht bloß reaktiv nacherlebt werden. Weil sie den Hörer nicht einspannt, denunziert das Bewußtsein Strawinskys sie als ohnmächtig und kontingent [= zufällig].

Ebd. S. 121/122.

Arbeitsmöglichkeiten und Anregungen

1. Hören Sie Schönbergs Chorsatiren, und vergleichen Sie den darin erkennbaren Rückgriff auf alte Kanonkünste mit dem neoklassizistischen Rückgriff auf historische Formen und Stilgruppen.
2. Was lassen die Chorsatiren, über die Schönberg gesagt hat, er habe sie geschrieben, als er „über Angriffe einiger meiner jüngeren Zeitgenossen sehr aufgebracht war"[1], über die stilistischen Differenzen zur neoklassizistischen Musik erkennen?
3. Hören Sie zum Vergleich einige der neoklassizistischen Werke Igor Strawinskys; z. B. die Tanzsätze aus der Geschichte vom Soldaten (1918), die Pulcinella-Suite (1919/20), das Konzert für Klavier und Bläser (1923/24) oder das Violinkonzert (1931).
4. Setzen Sie die „Schocks des Unverständlichen", von denen Adorno spricht, in Beziehung zur Gestaltung des Sinnlosen bei den Futuristen.
5. Setzen Sie sich mit Adornos Auffassung von den objektiven Möglichkeiten des musikalischen Materials auseinander. In welchem Verhältnis steht die Tendenz des Materials zum kompositorischen und stilistischen Fortschritt?

1 Brief Arnold Schönbergs vom 15.3.1949, zit. nach: Josef Rufer: Das Werk Arnold Schönbergs, Kassel 1959, S. 31.

Zweites Beispiel: Stilwandel um 1730

Ein öffentlicher Streitfall

Im Jahre 1737 erregte in Leipzig ein Streit um die Musik Johann Sebastian Bachs Aufsehen. Wir würden das Schreiben, das „Dienstags, den 14. May 1737“ in dem Wochenblatt „Critischer Musikus“ erschienen war und die Gemüter so erhitzte, heute wohl einen Leserbrief nennen. Darin setzte sich ein namentlich nicht genannter „geschickter Musikant“, hinter dem sich aber – wie sich später herausstellte – der Herausgeber des Wochenblattes, der Kapellmeister Johann Adolph Scheibe, verbarg, mit verschiedenen Musikern und deren Kompositionen auseinander. Besonders verletzend wurde die Kritik an der „verworrenen“ und „schwülstigen“ Schreibweise eines berühmten Musikers empfunden (M1). Obwohl kein Name fiel, war dem musikalisch Gebildeten aber bald klar, daß sich der Vorwurf unmittelbar gegen J. S. Bach richtete. Dies konnte nicht ohne Folgen bleiben. So rief der Brief im 6. Stück des „Critischen Musikus“ denn auch eine sich mehrere Jahre hinziehende, heftig geführte Auseinandersetzung mit verschiedenen Anhängern Bachs hervor, der aber selber nie in den Streit unmittelbar eingegriffen hat.
Als erster antwortete Johann Abraham Birnbaum, ein Freund Bachs und Dozent für Rhetorik in Leipzig. Er ließ 1738 seine „Unparteyischen Anmerkungen über eine bedenkliche Stelle in dem sechsten Stück des critischen Musikus“ drucken (M3), in denen er leidenschaftlich für den von ihm hochverehrten Meister eintrat und geschickt und klug alle gegen Bach erhobenen Vorwürfe zu entkräften versuchte. Scheibe wandte sich darauf erneut mit einer ironisch bitteren „Beantwortung der unparteyischen Anmerkungen...“ an die Öffentlichkeit und setzte sich mit Birnbaums Kritik polemisch auseinander, der darauf erneut eine 130 Seiten lange „Vertheidigung seiner unparteyischen Anmerkungen...“ (Leipzig 1739) folgen ließ, in der er sich wortgewaltig zur Wehr setzte, so daß sich Scheibe schließlich in einem weiteren anonymen Brief in seiner Zeitschrift (2. 4. 1739) in eine beißende Satire rettete, in der er ein polemisches Zerrbild Bachs zeichnete (M4).

Aber worum ging es in diesem Streit? Wir kennen derartige Streitigkeiten und könnten es bei diesem Kunststreit damit bewenden lassen, die Eloquenz der Kontrahenten zu bewundern, die das Florett der Argumente trefflich zu führen wissen. Doch die Heftigkeit, mit der die Kontroverse ausgetragen wurde, läßt erkennen, daß hinter dem persönlichen Streit eine ganz grundsätzliche Frage steht: die Frage nach der Geltung neuer Stilprinzipien. Unüberhörbar prallen hier zwei gegensätzliche ästhetische Positionen aufeinander. Die alte kontrapunktische Kunst, die Bach weitertrug, sah sich einem neuen Geschmack gegenüber, dem die alte Art verworren und schwülstig erschien. Als Leser der Streitschriften werden wir so Zeuge der Auseinandersetzung um einen neuen Stil.

Johann Adolph Scheibens,

Königl. Dänis. Capellmeisters,

Critischer MUSIKUS.

Neue,

vermehrte und verbesserte

Auflage.

Leipzig,

bey Bernhard Christoph Breitkopf, 1745.

Johann Adolf Scheibe: Critischer Musikus Titelblatt der Auflage Leipzig 1745

M1 Scheibes Kritik im „Critischen Musikus“ (1737)

Das 6 Stück.

Dienstags, den 14 May, 1737.

Folgender Brief unterbricht die Fortsetzung der angefangenen Materie von der Melodie. Er ist nicht an mich gestellt, sondern ein geschickter Musikant, der sich anitzo auf Reisen befindet, hat ihn an einen gewissen Meister der Musik abgelassen. Dieser letzte ist mein großer Freund, und er hat mich ersuchet, diesen Brief, wegen seines merkwürdigen Inhalts diesen Blättern mit einzuverleiben. Hier ist er:

Mein Herr!

„Ich habe Ihrer Bekanntschaft viel zu danken; Sie ha-
„ben mir viel wichtige Regeln vorgeschrieben. Sie haben
„mich allemal ermahnet, auf den Grund zu sehen, und alle
„musikalische Sachen mit einer reifen Ueberlegung zu be-
„trachten.

„Der Herr - - ist endlich in - - der Vornehmste unter
„den Musikanten. Er ist ein außerordentlicher Künstler
„auf dem Clavier und auf der Orgel; und er hat zur Zeit
„nur einen angetroffen, mit welchem er um den Vorzug strei-
„ten kann. Ich habe diesen großen Mann unterschiedene-
„male spielen hören. Man erstaunet bey seiner Fertigkeit,
„und man kann kaum begreifen, wie es möglich ist, daß er
„seine Finger und seine Füsse so sonderbar und so behend in
„einander schrenken, ausdehnen, und damit die weitesten
„Sprünge machen kann, ohne einen einzigen falschen Ton
„einzumischen, oder durch eine so heftige Bewegung den Kör-
„per zu verstellen.

„Dieser große Mann würde die Bewunderung ganzer
„Nationen seyn, wenn er mehr Annehmlichkeit hätte, und
„wenn er nicht seinen Stücken, durch ein schwülstiges und
„verworrenes Wesen das Natürliche entzöge, und ihre Schön-
„heit durch allzugroße Kunst verdunkelte. Weil er nach sei-
„nen Fingern urtheilet, so sind seine Stücke überaus schwer
„zu spielen; denn er verlangt, die Sänger und Instrumenta-
„listen sollen durch ihre Kehle und Instrumente eben das ma-
„chen, was er auf dem Claviere spielen kann. Dieses aber
„ist unmöglich. Alle Manieren, alle kleine Auszierungen,
„und alles, was man unter der Methode zu spielen versteht,
„drücket er mit eigentlichen Noten aus, und das entzieht sei-
„nen Stücken nicht nur die Schönheit der Harmonie, son-
„dern es machet auch den Gesang durchaus unvernehmlich.
„Kurz: er ist in der Musik dasjenige, was ehmals der Herr
„von Lohenstein in der Poesie war. Die Schwülstigkeit
„hat beyde von dem Natürlichen auf das Künstliche, und
„von dem Erhabenen aufs Dunkele geführet; und man be-
„wundert an beyden die beschwerliche Arbeit und eine aus-
„nehmende Mühe, die doch vergebens angewandt ist, weil sie
„wider die Vernunft streitet.

Aus: Critischer Musikus vom 14.5.1737, Leipzig 1745, S. 55, 62.

M2 Daniel Casper von Lohenstein: Arminius und Thusnelda

Daniel Caspers von Lohenstein
Weiland Ihro Römischen Kayserlichen Majestät Raths
und der Kayser- und Königlichen Stadt Breßlau
Ober-SYNDICI
Großmüthiger Feld-Herr
Arminius oder Herrmann,
Nebst seiner Durchlauchtigsten
Thusnelda
in einer sinn-reichen
Staats- Liebes- und Helden-Geschichte
dem Vaterlande zu Liebe
dem Deutschen Adel aber zu Ehren
und rühmlicher Nachfolge
in Vier Theilen vorgestellet
und mit saubern Kupfern ausgezieret.
Andere und durch und durch verbesserte und vermehrte Auflage.

Leipzig,
bey Johann Friedrich Gleditschens sel. Sohn,
1731.

Titelblatt des Buches von Lohenstein

Daniel Casper von Lohenstein (1635–1683) galt in seiner Zeit durchaus als großer Dichter. Er zählt zu den wichtigsten Dramatikern des Spätbarock. Insofern ist ein Vergleich Bachs mit Lohenstein zunächst alles andere als beleidigend. Man muß jedoch bedenken, daß der Leipziger Dichterfürst und bedeutende Literaturkritiker Johann Christoph Gottsched, dessen „Critische Dichtkunst“ (1730) Scheibe zum Vorbild für seinen „Critischen Musikus“ nahm, die unnatürliche Überladenheit und gespreizte Gelehrsamkeit der Sprache des Hochbarock als „Schwulst“ kritisiert und eben diesen Lohenstein als einen typischen Vertreter solch schwülstiger Poesie hingestellt hatte.

31. Die Fürstin Thußnelda fiel Saloninen ein, und meldete: Es wäre diß ein denckwürdiges Beyspiel, daß die Ursachen und der Vorwand eines Krieges meist gantz abgesonderte Dinge wären. Es fiele ihr hierbey Meleagers Ehe-Weib ein, von welcher ihr wäre erzehlet worden, daß sein König, als andere ihre Liebhaber so viel von ihrer Schönheit und Anmuth zu sagen gewüst, auf sie einst ein Auge geworffen, auch von derselben, welche nicht leicht einen verzweifeln, oder in seiner Liebe Schiff-Bruch leiden ließ, unschwer diß, was sie wohl geringern nicht versagt, erlangt haben würde, wenn der König nicht ihre Wahre weit unter dem Ruff befunden, und sich ihrer ohne Vergnügung entbrochen hätte. Den Schimpf dieser in ihren eigenen Augen so ansehnlichen, und ietzt zum ersten verschmähten Schönheit zu rächen, dräuete sie ihme ins Gesichte. Und wie sie ihrem Ehe-Manne die durch nichts als durch Blut auslesch-liche Flecken der ihrer Keuschheit zugemutheten Unehre meisterlich fürzubilden wuste; also war ihre Ehre täglich allen denen feil, welche nur mit Meleagern wider den König den Degen auszuziehen sich erkläreten. Derogestalt ward dieser tapffere Mann ein Aufrührer wider seinen Herrn, ein Krieges-Knecht seines geilen Weibes, da doch andere die Ursache seines Aufstandes viel weiter herholten: Einer, daß der König in Macedonien in Anwesenheit der Thessalischen Gesandtschafft ihm schimpfliche Worte gegeben: ein ander, daß er seinem Sohne ein Ehren-Amt versagt; der Pöfel aber, daß die Liebe der Freyheit und des alten numehr untergedruckten Gottes-Dienst ihn zum Kriege bewogen hätte.

Aus: Daniel Casper von Lohenstein: Großmüthiger Feldherr Arminius..., Leipzig 1689.

M3 Birnbaums Replik

Er setzt anfänglich an den bachischen Stücken den Mangel der Annehmlichkeit, das ist einer Melodie ohne Dißonanzen aus, oder wie andere, so es auch nicht besser verstehen, zu reden pflegen, daß sie nicht ins Gehöre fallen. Allein zu Ablehnung dieser Beschuldigung könnte fast allein eine merkwürdige Stelle des englischen Spectateurs[1] hinlänglich seyn. Dieser sagt: „Die Musik sey nicht nur bestimmt, zärtlichen Ohren allein zu gefallen, sondern auch allen, welche einen rauhen Ton mit einem angenehmen unterscheiden", das ist, welche Dissonanzen wohl anzubringen und geschickt zu resolviren wissen. Die wahre Annehmlichkeit der Musik bestehet in der Verbindung und Abwechselung der Consonanzen und Dissonanzen, ohne Verletzung der Harmonie. Die Natur der Musik verlangt dieselbe.

Es wird der Herr Hofcompositeur ferner beschuldiget, daß er seinen Stücken durch ein schwülstiges und verworrenes Wesen das Natürliche entzöge. Dieses ist so hart, als dunkel, geredet. Was heißt schwülstig in der Musik? Soll es in dem Verstande genommen werden, wie in der Rednerkunst diejenige Schreibart schwülstig genennet wird, wenn man bey geringen Dingen die prächtigsten Zierrathen verschwendet, und deren Verächtlichkeit nur noch mehr an Tag bringt; wenn man von außen allerley unnütze Pracht herholet, ohne das wesentliche Schöne vor Augen zu haben; wenn man bey dem Putz auf niederträchtige, gezwungene und läppische Kleinigkeiten verfällt, und die gründlichen Gedanken mit kindischen Einfällen verwechselt: So gebe ich zwar zu, daß dergleichen Fehler in der Musik

1 „Der ‚Spectator' als Quelle war klug gewählt, das Zitat allerdings, bis auf den ersten Satz, völlig falsch. Klug war dieser Bezug deshalb, weil es sich beim ‚Spectator' um die Speerspitze der damaligen Avantgarde handelte... Indem Birnbaum sich, statt auf die Ohren der Zuhörer, wie vom ‚Spectator' gemeint, auf die Natur der Musik bezog, konnte er hinterrücks seinen eigenen Begriff von Annehmlichkeit durchsetzen. Annehmlichkeit resultierte für ihn nicht aus dem sinnlichen Vorgang des Hörens, wie bei Scheibe, sondern hatte etwas zu tun mit objektiven Gegebenheiten der musikalischen Struktur" (Karl-Heinz Göttert: Streit um Bach, in: Concerto 6/1986, S. 6).

könne von denen begangen werden, so die Regeln der Composition entweder nicht verstehen, oder nicht recht anzuwenden wissen. Allein, dergleichen von dem Herrn Hofcompositeur nur zu denken, geschweige zu sagen, wäre die gröbste Schmähung.

Aus: Unparteyische Anmerkungen über eine bedenkliche Stelle im 6. Stück des critischen Musikus, Leipzig 1738, in: Scheibe: Critischer Musikus, Leipzig 1745, S. 846–848.

M4 Scheibes satirische Erwiderung

Mein Herr critischer Musikus!
Ich bin einer von den Musikanten, welche sich mit größter Sorgfalt bestrebet haben, eine ausnehmende Fertigkeit, ein Instrument zu spielen, und eine bewunderswerthe Geschicklichkeit, auf das allerkünstlichste zu componiren, zu erlangen. Ich könnte nicht allein durch alle Einwohner der Stadt, welche die Ehre genießt, mich in ihren Mauren zu enthalten, sondern auch durch alle Vorsteher der musikalischen Capellen aller umliegenden Dörfer und Flecken beweisen, daß ich der allergrößte Künstler auf dem Cithrinchen bin, und daß ich über dieses noch so künstlich und wunderbar componire, daß man bey der Anhörung meiner Stücke ganz verwirrt gemacht wird. Alles geht durch einander. Alles ist so verworren durchgearbeitet, daß man keine Stimme von der andern vernehmen, niemals aber die Hauptmelodie erkennen, und die Worte verstehen kann... Ich habe bey dem Durchlesen Ihrer Blätter gefunden, daß Sie sich die Freyheit genommen, von großen Künstlern in der Musik sehr stachlicht zu schreiben, und daß Sie auch wohl gar so verwegen geworden sind, viele treffliche Kunststücke, die doch nicht wenig Kopfbrechens kosten, zu tadeln und lächerlich zu machen. Da ich nun, wie ich von mir selbst überzeuget bin, unstreitig der größte Künstler in der Musik bin: so kann ich nicht unterlassen, sie zu warnen, daß sie sich inskünftige nicht etwa unterstehen, mich zu tadeln, und auch nicht ferner die vielfachen Contrapuncte, die Canonen, die Zirkelgesänge und alle übrige künstliche Gattungen musikalischer Setzarten, welche sie, verkehrter Weise, wie ich gefunden habe, das Schwülstige nennen, zu verwerfen und lächerlich zu machen. Alle diese Sachen sind mir besonders ans Herz gewachsen, und das ist meine größte Lust und Freude, wenn ich ein Stück verfertiget habe, in welchem ich, wo nicht alle, doch wenigstens, die meisten dieser Kunstwerke angebracht. Was sollen die kahlen Lieder, die man so gleich verstehen, im Gedächtniß behalten und nachsingen kann? Ich lobe mir ein Stück, da alles fein durcheinander geht, da man sich darüber verwundert, und da man nicht begreifen kann, wie bunt und krause alles in einander verwickelt ist, weil man keine Melodie und nichts daraus behalten kann. Das sind doch rechte Meisterstücke. Daraus kann man einen Componisten erkennen.

Aus: Johann Adolph Scheibe: Critischer Musikus, 31. Stück vom 2.4.1739, Leipzig 1745, S. 295–297.

Arbeitsmöglichkeiten und Anregungen

1. Stellungnahme zur Kritik Scheibes.
   Wie wirkt sie heute auf Sie?
   Sind Ihnen die vorgebrachten Vorwürfe einsichtig?
   Halten Sie sie für schwerwiegend?
2. Arbeiten Sie den Wandel des Geschmacks und der Ästhetik aus den Argumenten und Gegenargumenten im Streit Scheibe – Birnbaum heraus. Welche ästhetische Haltung vertreten die beiden Kontrahenten? Stellen Sie dazu die beanstandeten Eigenschaften zusammen und formulieren Sie die ästhetischen Forderungen, die Scheibe an die Musik stellt.

3. Setzen Sie Scheibes Kritik in Beziehung zu Ihrer bisherigen Erfahrung mit Bachs Musik. Definieren und interpretieren Sie dabei ästhetische Kategorien wie: schwülstig, verworren, erhaben, natürlich, vernehmlich u. ä.
4. Bestimmen Sie das Schwülstige in dem Text Lohensteins. Ziehen Sie einen Vergleich mit Bachs Musik, und beurteilen Sie Scheibes Vorwurf, Bach sei in der Musik das, was ehedem Lohenstein in der Literatur gewesen sei.

Was uns heute diesen Streit, der zunächst wie einer neben vielen anderen erscheinen mag, zum historischen Dokument macht, ist der Sachverhalt, den er spiegelt: daß das Stilideal des Hochbarock bereits zu Bachs Lebzeiten aufgegeben und unmodern geworden war. Bach hat diesen Wandel nicht mehr vollziehen und ihn wohl auch nicht mehr verstehen können. In den Werken nach 1740 zieht er sich ganz zurück, die Summe der kontrapunktischen Kunst und seines Lebenswerks im esoterischen Spätwerk zusammenfassend. Scheibe aber vertritt bereits die neue Zeit. Als philosophisch und ästhetisch gebildeter Kopf greift er in seiner Zeitschrift die aktuellen Fragen seiner Zeit auf und trägt sie einem gebildeten, interessierten Publikum vor. Er steht dabei ganz im Bann des Literaturkritikers Gottsched (vgl. Anm. S. 78) und der französischen Aufklärung. In der Musik wie in aller Kunst sucht er das Natürliche und Wahre. „Das wahre Wesen der Musik besteht in einer vernünftigen Nachahmung der Natur.“[1] Und in seiner Beantwortung der unparteiischen Anmerkungen fordert er: „Die Kunst muß der Natur nachahmen. ... Die Kunst giebt keinesweges der Natur eine Schönheit, wohl aber die Natur der Kunst. Die Natur besitzet schon an sich selbst alles, was vortrefflich ist, und braucht von der Kunst nicht erst die Schminke zu borgen.“[2]
Scheibe sieht seine Rolle in der Durchsetzung eines neuen Geschmacks und sich damit im Recht. Er resümiert daher im Streit mit Birnbaum: „Es dürfte also der so genannte neumodische Geschmack, der nach dem reifen Urtheile des unparteyischen Herrn Verfassers der Anmerkungen, zwar verdorben ist, weit gegründeter und natürlicher seyn, als der altfränkische Geschmack derjenigen, welche mit dem Herrn Verfasser den Zwang der Natur vorziehen.“[3]
Der Vorwurf des Schwulstes, den Scheibe erhob, war in der Tat gewaltig. Denn Schwulst galt damals als „einer der ärgsten Fehler gegen den guten Geschmack“[4]. Was eine schwülstige von einer natürlichen Melodie unterscheidet, zeigt Christoph Nichelmann in seiner 1755 in Danzig erschienenen Schrift „Die Melodie nach ihrem Wesen sowohl als nach ihren Eigenschaften“. Als ehemaliger Thomaner und Schüler Bachs verändert Nichelmann den Anfang der Sopranarie „Ich bin vergnügt“ aus Bachs gleichnamiger Kantate in der Weise, daß die Melodie nun der Forderung entspricht, nicht durch zu viele „Zierrathen“ den Wechsel der Akkorde zu stören, der ihr den Ausdruck der Ernsthaftigkeit und Einfalt und das natürliche Wesen verleihe (M5).

1 60. Stück vom 2. 10. 1739, S. 554.
2 Ebd. S. 890.
3 Ebd. S. 886.
4 Johann Georg Sulzer: Allgemeine Theorie der schönen Künste, 1771–1774.

M5 Scheibe gegen Bach

5.1 Johann Sebastian Bach: Sopranarie „Ich bin vergnügt mit meinem Glücke“ aus der Kantate Nr. 84

Zit. nach: Neue Bachausgabe I/7, Bärenreiter, Kassel und Basel.

5.2 Christoph Nichelmann: Änderungsvorschlag zu der obigen Bach-Arie

Aus: Christoph Nichelmann: Die Melodie nach ihrem Wesen..., Danzig 1755. Zit. nach: Hans Heinrich Eggebrecht: Scheibe gegen Bach, in: Das Musikleben 5 (1952), S. 108.
Nichelmann bemerkt dazu: „Sollte z. E. diese um der Übereinstimmung willen geordnete singbare Folge von ihrer Ernsthaftigkeit, Einfalt und natürlichem Wesen durch die hernach erfolgte Änderung bey eben denselben bey behaltenen Grund-Tönen etwas verlieren?“

Arbeitsmöglichkeiten und Anregungen

1. Vergleichen Sie beide Versionen der Arie „Ich bin vergnügt mit meinem Glücke“ hinsichtlich ihres Ausdruckscharakters, ihrer Textbehandlung und des Verhältnisses von Melodie und Harmonie.
2. Bestimmen Sie die musikalischen Verzierungen („Zierrathen“), die den vermeintlichen „Schwulst“, die unnatürliche Künstlichkeit dieser Arie ausmachen.
3. Vergleichen Sie die beanstandeten Verzierungen mit der Bedeutung der barocken „Figuren“ und „Manieren“.

Die Musiker, die den Stil- und Geschmackswandel am deutlichsten verkörpern, fand Scheibe in dem Berliner Kapellmeister Carl Heinrich Graun (1703/04–1759) und in dem am sächsischen Hof in Dresden wirkenden Johann Adolf Hasse (1699–1783), den Schubart[1] einen „deutschen Orpheus“ nannte. Mit ihnen habe „gleichsam ein neuer Periodus in der Musik“ angefangen und sei der gute Geschmack in der Musik am besten verwirklicht.[2] Hört man deren galante Sonaten und Trios, wird einem bewußt, daß Bachs strenger kontrapunktischer Stil, insbesondere der seines Spätwerks, nach 1730 vollends unmodern geworden war und als altmodisch („verworren“) erscheinen mußte. Vielmehr verkörperten neben Graun und Hasse die Melodramen Georg Bendas (1722–1795) und erst recht die Kompositionen der Bach-Söhne Wilhelm Friedemann, Carl Philipp Emanuel und Johann Christian einen neuen „empfindsamen“ Stil.

M6 **Carl Heinrich Graun: Triosonate D-Dur für 2 Flöten und Basso continuo, 1. Satz**

1 Christian Friedrich Daniel Schubart (1739–1791), Schriftsteller und Komponist des „Sturm und Drang“, dessen „Ideen zu einer Ästhetik der Tonkunst“ (1784/85) die Ästhetik der 2. Hälfte des 18. Jahrhunderts formulieren.

2 Scheibe im „Critischen Musikus“ (1745), S. 766.

7
f
f
f
10
13
ossia
ossia
16
ossia

Carl Heinrich *Graun* war Schüler der Dresdner Kreuzschule. Ab 1735 stand er im Dienst des Preußischen Kronprinzen und späteren Königs Friedrich d. Gr. als dessen Kapellmeister und Kompositionslehrer. Viele der kammermusikalischen Werke sind nicht mehr eindeutig ihm oder seinem Bruder Johann Gottlieb zuzuordnen.
Über Carl Heinrich Graun schreibt Schubart: „Graun, ein Kapellmeister im buchstäblichen Verstande; jedem musikalischen Stil gewachsen... Die Natur jedes Instruments kannte er aus dem Grunde: wie der große Maler Farben auf seiner Palette mischt, so mischte er die Töne. Doch war mehr das sehr Rührende, als das sehr Erhabene sein Anteil“ (Schubart: Ideen zu einer Ästhetik der Tonkunst, 1784, Leipzig 1924, S. 49/50).

M7 Johann Sebastian Bach: Triosonate C-Dur, BWV 1037, 2. Satz

Edition Peters, Frankfurt am Main.

Für die Triosonate C-Dur BWV 1037 ist die Autorschaft Bachs nicht ganz gesichert. Auf dem Titel der Abschrift wird als Komponist Bachs Schüler Johann Gottlieb Goldberg (bekannt geworden durch Bachs sog. Goldberg-Variationen) genannt. Allerdings ist auch nicht auszuschließen, daß Goldberg lediglich der Kopist gewesen ist und der Name des Kopisten an die Stelle des Komponisten gerückt ist, eine in der damaligen Zeit nicht seltene Erscheinung. Stilistisch repräsentiert diese Triosonate aber den strengen barocken Typus.

Arbeitsmöglichkeiten und Anregungen

1. Musizieren und/oder Hören der Sätze aus den beiden Triosonaten von Graun und Bach. Beschreiben Sie die stilistischen Unterschiede. Worin kommt der neue Geschmack bei Graun zum Ausdruck?
2. Informationen einholen zu
   - Gottsched und seiner literaturkritischen Haltung;
   - den Ideen der französischen Aufklärung und ihrer Forderung der Nachahmung der Natur;
   - den Komponisten Graun und Hasse und ihrer Stellung in der Musikgeschichte.

Ein neuer Ton in der Musik

Der Stilbruch, der das 17. vom 18. Jahrhundert trennt, vollzieht sich bereits zwischen 1720 und 1730 und erstreckt sich von da an über mehrere Jahrzehnte. In der Musikgeschichtsschreibung hat man diese Zeitspanne bis zur Ausprägung der eigentlichen Wiener Klassik, von der man ungefähr ab 1770/80 sprechen kann, mit „galantem" und „empfindsamem Stil" zu kennzeichnen versucht.

Der galante Stil ist der Stil des galant homme; er bezeichnet also etwas, was dem Geschmack eines Mannes vornehmer Lebensart entspricht, und eigentlich nicht eine bestimmte Kompositionstechnik. Geprägt war dieser Geschmack durch die Ideen der Aufklärung, die den Menschen aufforderte, den eigenen Verstand zu gebrauchen und eher der eigenen Vernunft zu trauen, als sich einer fremden Autorität zu unterwerfen. Carl Dahlhaus hat den Einfluß der Aufklärung auf die Musik des frühen 18. Jahrhunderts und ihre Ästhetik in den folgenden Punkten zusammengefaßt:[1]

1. „Entscheidend ist..., daß der Rationalismus... immer dazu neigte, Musik gerade nicht mit Vernunft zu durchdringen, sondern als Reservat der Gefühle und Affekte gleichsam ‚draußen zu halten'." So gilt Musik als eine allgemeine Empfindungssprache, von der man nichts anderes erwartete, als daß sie „das Herz rühre" und die „Gefühle bewege" (S. 9).
2. „Was die Aufklärung suchte, wenn sie die Musik als Empfindungssprache rühmte, war ‚Gefühlskultur'... Durch musikalisch ausgedrückte Gefühle sollte zwischen Menschen... Sympathie gestiftet werden. Das Ethos – die ‚innere Freiheit' im Kontrast zur ‚Fesselung' durch die Affekte – und die ‚Sympathie'... waren also die charakteristischen Merkmale der Gefühlsästhetik" (S. 9).
3. „Die Distanz der Aufklärung sowohl zum Barock als auch zur Romantik [läßt sich] an einer zentralen Kategorie des 18. Jahrhunderts, dem Begriff des Geschmacks, ... handgreiflich demonstrieren. Im Unterschied zur älteren musikalischen Regelpoetik, die von Kriterien des ‚Richtigen' und ‚Falschen' ausging, ... ist der Geschmack, den gerade die Aufklärung zur obersten ästhetischen Instanz erhob..., irrational und ungreifbar" (S. 10). Die Figurenlehre des Barock faßte textausdeutende Abweichungen von der grammatischen Norm in objektivierbare Regeln, über die der gelehrte Komponist verfügen konnte und mußte. Der „gelehrten" Schreibart setzt nun die Aufklärung die „galante" entgegen, die auf das Verständliche und Gefällige zielt, wobei das Galante eine Kategorie des Geschmacks, nicht kompositorischer Regeln darstellt.

1 Carl Dahlhaus, in: Neues Handbuch der Musikwissenschaft, Bd. 5, Laaber 1985.

4. Die Aufklärung wirkt sich auf eine veränderte Form der Öffentlichkeit aus. „Von der ‚repräsentativen Öffentlichkeit' des Barock (Jürgen Habermas), die ein Mittel war, politische Macht durch musikalisch theatralischen Prunk zu demonstrieren..., hebt sie sich durch einen Wechsel der Trägerschicht ab: Öffentlichkeit heißt im 18. Jahrhundert, daß sich das Bürgertum, dem sich Teile der Aristokratie anschlossen, durch Kritik und Raisonnement – in Büchern und Zeitschriften [wie z.B. in Scheibes „Critischer Musikus" oder in Mizlers „Neu eröffneter musikalischer Bibliothek"]... – über Probleme von allgemeinem Interesse verständigte und sich damit seiner selbst vergewisserte" (S. 11).
5. Das Kriterium für die ästhetische Qualität einer Musik, die allgemeine menschliche Empfindungssprache sein wollte, war es, „daß sie verständlich werden mußte – wenn nicht für jedermann, so doch für die Liebhaber und vor allem für die Kenner. Das hieß: Das ausschlaggebende Urteil fällte nicht mehr der professionelle Musiker..., sondern der gebildete Laie... Daß der gebildete Laie – der Bürger, Aristokrat oder Monarch sein konnte – die ästhetische Herrschaft ergriff und bis gegen das Ende des 19. Jahrhunderts behauptete, bedeutete kompositionstechnisch zunächst, seit 1720/30, eine Simplifizierung" (S. 11). Der Forderung nach Gefälligkeit, Verständlichkeit und Natürlichkeit entsprachen somit Stilmittel, die vom Standpunkt der gelehrten barocken Polyphonie und Kontrapunktik eher als Verarmung erscheinen mußten:
   - eine harmonische Vereinfachung, insbesondere die Verlangsamung des harmonischen Rhythmus, d.h. des Harmoniewechsels;
   - die Ausbildung der symmetrischen Periodenstruktur von Melodien (Themen der Sonaten);
   - die damit zusammenhängende Technik der rhythmischen, melodischen und harmonischen Korrespondenzen;
   - die Bevorzugung einer empfindsamen, kantablen Melodik gegenüber dem harmonisch kunstvoll verschlungenen mehrstimmigen Satz (vgl. Dahlhaus S. 11).

Ein entscheidendes Merkmal der durch Jean Jacques Rousseau und die französische Aufklärung ausgelösten Gefühlskultur war es, daß der Hörer in der Zeit der Empfindsamkeit nicht mehr die Darstellung einheitlicher Affekte in der Musik erwartete, sondern selber durch den Tonfall und die Ausdrucksgesten des Spielers in eine empfindsame Stimmung versetzt werden wollte. An die Stelle des barocken Pathos ist die Rührung des Herzens getreten. Um diese zu erreichen, wird die Harmonik als unmittelbar wirkender Reiz zur Ausdrucksintensivierung eingesetzt. Den Einschnitt im musikalischen Denken, den 1722 Jean Philippe Rameaus „Traité de l'harmonie", also die Begründung der Harmonielehre bedeutete, kann man ermessen, wenn man sich klarmacht, daß die dissonante Septime noch zu Beginn des 18. Jahrhunderts als eine „Figur" (anticipatio transitus), d.h. als eine Abweichung von der streng kontrapunktischen Norm verstanden wurde, bei der das dissonante Intervall als Vorausnahme auf betontem Taktteil verstanden wurde:

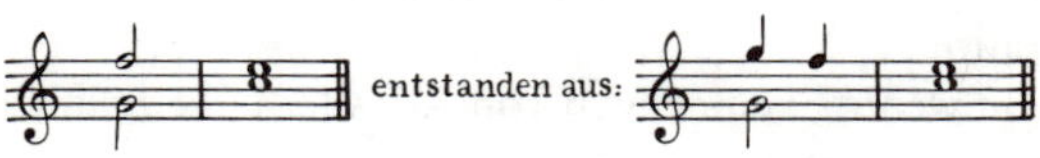

In der Harmonielehre wird aber die Septime als Bestandteil eines Septakkordes erklärt, der eine unmittelbar gegebene sinnliche Einheit darstellt und keiner weiteren Rechtfertigung bedarf.

Das, was den neuen Ton der Empfindsamkeit ausmacht, der sich seit 1720/30 allmählich durchzusetzen beginnt, kann man aus einer Gegenüberstellung der Neuerungen gegenüber dem 17. Jahrhundert herauslesen:

17. Jahrhundert	18. Jahrhundert
strenger kontrapunktischer Satz	freier Satz
Priorität der harmonischen Grundlage des Generalbaß	Priorität kantabler Melodik
Figurenlehre als codifizierte Abweichung von grammatischen Normen	Harmonielehre als die Theorie vom Akkordzusammenhang
rhetorisches Pathos	Rührung des Herzens
Musik als Klangrede (Mattheson) gemäß ihrer grammatischen Gliederung und Affektdarstellung	Musik als allgemeine Empfindungssprache (Forkel) gemäß ihrer unmittelbaren Wirkung und Verständlichkeit
aristokratisch höfliche Attitüde „repräsentative Öffentlichkeit" (Habermas)	„Musik für Kenner und Liebhaber" (C. Ph. E. Bach) und für gebildete Laien
gelehrte Schreibweise	galante Schreibweise

Eine derartige Gegenüberstellung läuft leicht Gefahr, komplexe Zusammenhänge und Entwicklungen zu stark zu vereinfachen, um den Wandel um so deutlicher hervorzuheben. So darf man nicht vergessen, daß es „freien Satz" als „seconda prattica" (vgl. „Stilwandel um 1600", S. 109) auch schon im 17. Jahrhundert gab, wenn auch in anderer Form (Monodie, konzertierender Stil). Während aber um 1600 der Blick zurück zur Antike und das Bemühen um expressive Textausdeutung den neuen Stil hervorbrachten, steht der Wandel um 1720/30 nun ganz im Geiste der Aufklärung und im Dienste der Gefühlskultur.

M8 Mattheson über die Einrichtung und Erfindung der Melodien

§ 1 Mancher meinet, wenn er etwa ein wenig Vorrath an Erfindungen hat, so sey es mit seiner Composition schon gut bestellet. Es ist aber weit gefehlet, und mit der Erfindung allein nicht ausgerichtet; wiewol sie sicherlich fast die Helffte der Sache begreifft: denn von der Erfindung muß der Anfang gemacht werden. Und wer wol anfängt, hat halb vollendet. Allein es heißt auch wiederum: Ende gut, alles gut. Dazu gehören *Einrichtung, Ausarbeitung* und *Zierde,* die sonst mit ihren oratorischen Kunstnahmen heissen: Dispositio, Elaboratio & Decoratio ...

§ 2 ... Wir haben nicht wenig Exempel von Ton-Künstlern, die ziemlich reich an Erfindungen sind; denen aber das Feuer bald ausgehet, und die, wegen versäumter guten Einrichtung, daran sie schier niemahls gedencken, keine Sache recht ausarbeiten, noch bis ans Ende verharren.

Aus: Johann Mattheson: Der vollkommene Capellmeister, 14. Haupt-Stück „Von der Melodien Einrichtung, Ausarbeitung und Zierde", Hamburg 1739, S. 235.

M9 Scheibe über die Bedeutung der Melodien

Eine Melodie muß also so beschaffen seyn, daß sie kann mit andern zusammengefüget werden, und auch, daß sie für sich selbst bestehen kann. Sie muß also dem Verstande zu einer völligen Beurtheilung genug seyn. Sie muß den Grund ihrer eigenen Harmonie in sich selbst haben. Sie muß folglich ohne andere Hülfsmittel zu erkennen, zu beurtheilen und anzuwenden seyn.

Man kann also aus unsern Synphonien die Trefflichkeit der Melodie auf eine ganz besondere Art einsehen. Sie ist es, welche dieselben schön, rührend, nachdrücklich und erhaben machet. Sie ist es, wodurch wir den Zuhörern ohne Worte und ohne weitere Erklärung dasjenige im Voraus entdecken und vorstellen, was sie hernach ausführlicher und deutlicher erblicken. Die Melodie ist es also, wodurch man allerley Affecten und Leidenschaften erregen und ausdrücken kann. Ein wichtiger Beweis, daß die Melodie das Vornehmste und das Trefflichste in der Musik, und also der Harmonie sehr weit vorzuziehen ist, die man doch sehr oft über jene setzet, ungeachtet man sich nur vergeblich bemühet, ihr ein Ansehen zu ertheilen, welches der Melodie allein gehöret.

Aus: Critischer Musikus, Leipzig 1745, 21. Stück, Anm. S. 204; 65. Stück, S. 598/599.

M10 Die musikalische Logik der Akkordbeziehungen bei Forkel

Harmonie und Melodie sind in einer guten musikalischen Zusammensetzung so unzertrennlich, als Wahrheit der Gedanken, und Richtigkeit des Ausdrucks in der Sprache. Sprache ist das Kleid der Gedanken, so wie Melodie das Kleid der Harmonie. Man kann in dieser Rücksicht die Harmonie eine Logik der Musik nennen, weil sie gegen Melodie ungefähr in eben dem Verhältniß steht, als in der Sprache die Logik gegen den Ausdruck, nemlich sie berichtigt und bestimmt einen melodischen Satz so, daß er für die Empfindung eine wirkliche Wahrheit zu werden scheint. In diesem Verstande würde sich also Harmonie zur Melodie verhalten, wie richtig und wahr musikalisch denken, zum richtigen Ausdrucke musikalischer Gedanken. ...

Daß die Harmonie für musikalische Ausdrücke eine Art von Logik ist, ergiebt sich noch aus mehr als einem Grunde... In der Sprache vermag blos die Kunst richtig zu denken, durch dieses Kleid des Ausdrucks hindurch zu dringen, und zu entdecken, ob der Gedanke, oder das, was unter dem Ausdrucke verborgen ist, wahr oder falsch sey. In der Musik vertritt die Harmonie die Stelle dieser Logik, indem sie die melodischen Ausdrücke in ihre Grundaccorde auflöset, und dadurch die richtige oder unrichtige Zusammensetzung derselben entdeckt.

Aus: Johann Nikolaus Forkel: Einleitung zur Allgemeinen Geschichte der Musik, Leipzig 1788, § 38, § 40.

M11

11.1 Arcangelo Corelli: La Folia op. 5, 12 (Thema)

11.2 Johann Stamitz: Orchestertrio op. 1 (Thema)

Aufgaben und Anregungen

1. Vergleich der beiden Themen von Corelli und Stamitz miteinander.
2. In welchem Verhältnis stehen Melodie und Harmonie zueinander?
3. Ordnen Sie die beiden Melodien unter Berücksichtigung der Texte von Mattheson, Scheibe und Forkel (M8–10) den entsprechenden Stilepochen zu.

M 12 Nachahmung und Idealisierung der Natur

Der Musikus ist eben so wohlgebunden als der Maler; er ist überall und unverrückt der Vergleichung unterworfen, durch die man sein Werk mit der Natur zusammenhält. Wenn er einen Sturm, einen Bach, einen Zephyr abschildert, so liegen die Töne dazu schon in der Natur, und er kann sie sonst nirgends hernehmen als aus ihr... Es ist wahr, wird man sagen, daß es Leidenschaften giebt, die in dem musikalischen Gesange kenntlich sind; zum Exempel die Liebe, die Freude, die Traurigkeit. Aber gegen einige bestimmte Ausdrücke hat man tausend andre, deren Gegenstand sich nicht angeben läßt. Er läßt sich nicht angeben; das räume ich ein. Aber folgt daraus wohl, daß sie auch keinen haben? Genug, daß man ihn empfindet!... Das Herz hat seine eigene Weise, etwas zu verstehen, die von den Worten nicht abhängt; und wenn es gerühret ist, so hat es alles begriffen.

Aus: Charles Batteux: Einschränkung der schönen Künste auf einen einzigen Grundsatz (1746), Hildesheim 1976, I, S. 406/408.

M 13 Vom musikalischen Vortrag

§ 2 Worinn aber besteht der gute Vortrag? in nichts anderem als der Fertigkeit, musikalische Gedancken nach ihrem wahren Inhalte und Affect singend oder spielend dem Gehöre empfindlich zu machen. Man kan durch die Verschiedenheit desselben einerley Gedancken dem Ohre so veränderlich machen, daß man kaum mehr empfindet, daß es einerley Gedancken gewesen sind.

...

§ 13 Indem ein Musickus nicht anders rühren kan, er sey dann selbst gerührt; so muß er nothwendig sich selbst in alle Affecten setzen können, welche er bey seinen Zuhörern erregen will; er giebt ihnen seine Empfindungen zu verstehen und bewegt sie solchergestalt am besten zur Mit-Empfindung. Bey matten und traurigen Stellen wird er matt und traurig. Man sieht und hört es ihm an. Dieses geschieht ebenfalls bey heftigen, lustigen, und andern Arten von Gedancken, wo er sich alsdenn in diese Affecten setzet. Kaum, daß er einen stillt, so erregt er einen andern, folglich wechselt er beständig mit Leidenschaften ab. Diese Schuldigkeit beobachtet er überhaupt bey Stücken, welche ausdrückend gesetzt sind, sie mögen von ihm selbst oder von jemanden anders herrühren; im letzteren Falle muß er dieselbe Leidenschaften bey sich empfinden, welche der Urheber des fremden Stücks bey dessen Verfertigung hatte. Besonders aber kan ein Clavieriste vorzüglich auf allerley Art sich der Gemüther seiner Zuhörer durch Fantasien aus dem Kopfe bemeistern. Daß alles dieses ohne die geringsten Gebehrden abgehen könne, wird derjenige blos läugnen, welcher durch seine Unempfindlichkeit genöthigt ist, wie ein geschnitztes Bild vor dem Instrumente zu sitzen.

Aus: Carl Philipp Emanuel Bach: Versuch über die wahre Art, das Klavier zu spielen (1759), Leipzig 1925, Erster Teil, Drittes Hauptstück, S. 82/85.

M14 Carl Philipp Emanuel Bach: Andante aus der Preußischen Sonate Nr. 1, F-Dur (1742)

c) An Stelle des ersten Tones solcher Doppelnote ist im Rezitativ der stilübliche, hier durch eingeklammerten Buchstaben bezeichnete Vorhalt zu spielen, also *b a* anstatt *a a* usw.

d)
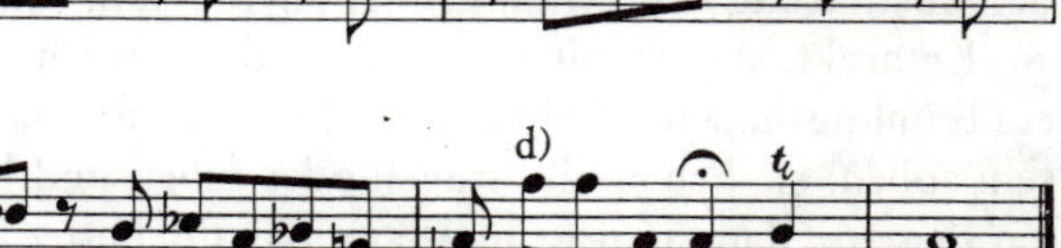

Aus: Carl Philipp Emanuel Bach: Die sechs Preußischen Sonaten, BA 6539, Bärenreiter-Verlag, Kassel und Basel.

Arbeitsmöglichkeiten und Anregungen

1. Weisen Sie typische Merkmale des empfindsamen Stils in Carl Philipp Emanuel Bachs Sonate nach. In welchem Teil hat er sich besonders weit vom Stil des Barock entfernt? Wodurch erreicht er die Weckung von Empfindungen?
2. Vergleichen Sie den Text aus Carl Philipp Emanuel Bachs „Versuch..." (M13) mit Batteux' Aussage (M12). Worin liegt der entscheidende Unterschied?
3. Welche Rolle spielt der Interpret im empfindsamen Stil?
4. Wie beurteilen Sie die These, daß der Stilwandel nach einem stilistischen Höhepunkt notwendig zur Reduktion der Mittel führt, die auf dem Höhepunkt der vorangegangenen Stilentwicklung besonders ausgebildet waren? Führt Stilwandel notwendig dazu, daß andere Eigenschaften des Tonsatzes (Melodik, Harmonik, Klangfarbe) in den Vordergrund treten? Nennen Sie Beispiele.
5. Informieren Sie sich über die geistig-kulturelle und politische Situation in Europa zu Beginn des 18. Jahrhunderts. Wie wirkt sich der Einfluß der französischen Aufklärung und die Forderung der Nachahmung der Natur in der Literatur aus?
6. Verfolgen Sie den Stilwandel auch in anderen musikalischen Gattungen (in der Oper, dem Lied, der Orchestermusik).

Der Mannheimer goût

Als der Vater Leopold Mozart auf seiner ersten großen europäischen Konzertreise, die er 1763/64 mit seinen beiden Kindern unternommen hatte, auch an den kurpfälzischen Hof nach Mannheim (bzw. in dessen Sommerresidenz nach Schwetzingen) gekommen war, berichtete er über seine ersten Eindrücke nach Salzburg: „...das Orchester ist ohne widerspruch das beste in Teutschland, und lauter junge Leute, und durch aus Leute von guter Lebensart, weder Säufer, weder Spieler, weder liederliche Lumpen; so, daß so wohl ihre Conduite [ihr Betragen] als ihre production [ihr Spiel] hochzuschätzen ist."[1]
Das Mannheimer Orchester war zu dieser Zeit nämlich eine europäische Berühmtheit; die dort gepflegte Instrumentalmusik wäre – modern ausgedrückt – avantgardistisch zu nennen gewesen. Der englische Musikforscher Charles Burney hat in einem Bericht über seine musikalische Forschungsreise in die Niederlande, nach Deutschland und Österreich 1772 das Orchester des Kurfürsten Karl Theodor über die Maßen gerühmt.
„Ich fand wirklich alles daran, was mich der allgemeine Ruf hatte erwarten lassen... Es sind wirklich mehr Virtuosen und gute Komponisten in diesem, als vielleicht in irgend einem Orchester in Europa. Es ist eine Armee von Generälen, gleich geschickt einen Plan zu einer Schlacht zu entwerfen, als darin zu fechten."[2]
Noch poetischer formulierte es Chr. Fr. D. Schubart: „Kein Orchester der Welt hat es je in der Ausführung dem Mannheimer zuvorgetan. Sein Forte ist ein Donner, sein Krescendo ein Katarakt, sein Diminuendo ein in die Ferne hin plätschernder Kristallfluß, sein Piano ein Frühlingshauch. Die blasenden Instrumente sind alle so angebracht, wie sie angebracht sein sollen: sie heben und tragen oder füllen und beseelen den Sturm der Geigen."[3]
Zu diesem Glanz und Ruhm hatte das Orchester der böhmische Geiger und Komponist Johann Wenzel Stamitz gebracht, der seit 1747 als Konzertmeister am kurpfälzischen Hof angestellt war und mit zahlreichen Sinfonien, Orchestertrios und Solokonzerten zum ersten berühmten Musiker und einem der Begründer des neuen Mannheimer goût wurde. Über ihn schreibt Carles Burney, daß er „wie ein zweyter Schackespeare... die Kunst weiter [trieb] als irgend jemand vor ihm gethan hatte!"[4]

1 Brief an seinen Freund Hagenauer vom 19. Juli 1763, in: Mozart. Briefe und Aufzeichnungen. Gesamtausgabe Bd. I, Kassel 1962, S. 79. 2 Tagebuch seiner musikalischen Reisen, 2. Bd., Hamburg 1773, S. 73. 3 Ideen zu einer Ästhetik der Tonkunst (1784), Leipzig 1924, S. 84. 4 Tagebuch seiner musikalischen Reisen, 3. Band, Hamburg 1773, S. 7.

M15 Johann Stamitz (1717–1757): Sinfonia D-Dur op. 3 Nr. 2

pia
pssmo
for
dimin.
p
pp
f
dim.
cresc.
mf

for
for
pia
pia
7 — 6
7 — 6
cresc.
f
sf
sf
p
for
for
for
for
for pia
for pia
for pir
pia
dim.
p
dim.
sf p
sf p

Aus: Six Simphonies/opus III à Quatre Parties obligées/avec les Cors de Chasse/Ad libitum, Paris 1757, zit. nach: Denkmäler der Tonkunst in Bayern (DTB) 3/I, Leipzig 1902.

M 16 **Der Mannheimer Orchesterstil**

Es ist aber nicht allein in der grossen Oper des Churfürsten, daß die Instrumentalmusik so sehr ausgebildet und verfeinert worden ist, sondern in seinen Concerten, wo selbst diese ausserordentliche Capelle Platz und Raum genug hat, ihre ganze Macht zu beweisen, und grosse Wirkungen hervorzubringen, ohne durch die Rücksicht verhindert zu werden, sie möchten die grössern und feinern Schönheiten, welche der Vokalmusik besonders eigen sind, verdunkeln. Hier eben wars, wo Stamitz zuerst über die Gränzen der gewöhnlichen Opernouvertüren hinwegschritt, die bis dahin bey dem Theater gleichsam nur als ein Rufer im Dienste standen, um durch ein Aufgeschaut für die auftretenden Sänger Stille und Aufmerksamkeit zu erhalten. Seit der Entdeckung, auf welche Stamitzens Genie zuerst verfiel, sind alle Wirkungen versucht worden, deren eine solche Zusammensetzung von inartikulirten Tönen fähig ist. Hier ist der Geburtsort des *Crescendo* und *Diminuendo*, und hier war es, wo man bemerkte, daß das *Piano*, (welches vorher hauptsächlich als ein Echo gebraucht wurde, und gemeiniglich gleichbedeutend genommen wurde,) sowohl als das *Forte* musikalische Farben sind, die so gut ihre Schattirungen haben, als Roth oder Blau in der Mahlerey.

Aus: Charles Burney: Tagebuch seiner musikalischen Reisen, Bd. 2, Hamburg 1773, S. 73/74.

M 17 **Karl Theodor und der kurpfälzische Hof**

Daher darf es niemand wundern, wenn die Musik in der Pfalz in kurzem zu einer so bewundernswürdigen Höhe aufstieg. Doch hat sie erst dem vorigen Kurfürsten den Glanz zu verdanken, der sogar den Neid des stolzen Auslands erregt und seinen Hof zu einer Schule des wahrhaft guten Geschmacks in der Tonkunst gemacht hat. Dieser Kurfürst spielte die Flöte und war ein enthusiastischer Verehrer der Tonkunst. Er zog nicht nur die ersten Virtuosen der Welt an seinen Hof, errichtete musikalische Schulen, ließ Landeskinder von Genie reisen, sondern verschrieb auch noch mit vielen Kosten die trefflichsten Stücke aller Art aus ganz Europa und ließ sie durch seine Tonmeister aufführen. Dadurch unterschied sich gar bald die Mannheimer Schule von allen anderen: in Neapel, Berlin, Wien, Dresden war der Geschmack bisher immer einseitig geblieben. So wie ein großer Meister den Ton angab, so hallte er fort – bis wieder ein anderer auftrat, der Geisteskraft genug besaß, den vorigen zu verdrängen. Wenn sich Neapel durch Pracht, Berlin durch kritische Genauigkeit, Dresden durch Grazie, Wien durch das Komisch-Tragische auszeichneten, so erregte Mannheim die Bewunderung der Welt durch Mannigfaltigkeit. Das Theater des Kurfürsten und sein Konzertsaal waren gleichsam ein Odeum, wo man die Meisterwerke aller Künstler charakterisierte. Die abwechselnde Laune des Fürsten trug sehr viel zu diesem Geschmacke bei. Jomelli, Hasse, Graun, Traetta, Georg Benda, Sales, nach Agricola der Londoner Bach, Gluck, Schweizer wechselten da jahraus jahrein mit den Kompositionen seiner eigenen Meister ab, so daß es keinen Ort in der Welt gab, wo man seinen musikalischen Geschmack in einer Schnelle so sicher ausbilden konnte, als Mannheim. Wenn der Kurfürst in Schwetzingen war und ihm sein vortreffliches Orchester dahin folgte, so glaubte man in eine Zauberinsel versetzt zu sein, wo alles klang und sang.

Aus: Christian F. D. Schubart: Ideen zu einer Ästhetik der Tonkunst (1784), Leipzig 1924, S. 83/84.

Arbeitsmöglichkeiten und Anregungen

1. Hören Sie die Sinfonie von Stamitz und vergleichen Sie sie mit einem barocken Orchesterwerk (z. B. Johann Sebastian Bach: Ouvertüre D-Dur; Händel: Concerto grosso op. 6 Nr. 11, o. ä.).

2. Welche neuen Stilmittel zeichnet Stamitz' Sinfonie aus? (Formaler Aufbau, instrumentale Besetzung, melodische Gestaltung, Harmonik, Rhythmik, Orchesterklang, Bläserbehandlung, Streichertechniken)
3. Wie charakterisieren Burney (M16) und Schubart (M17) die musikalische Situation in Mannheim? Vergleichen Sie die Sicht beider Autoren miteinander.
4. Informieren Sie sich über andere Mannheimer Musiker wie Christian Cannabich, Johann Baptist Wendling, Johann Anton Filtz, Ignaz Holzbauer oder Carlo Giuseppe (Carl Joseph) Toëschi.

Als Wolfgang Amadeus Mozart 1777 zum zweiten Mal (diesmal mit seiner Mutter) nach Mannheim kam, äußerte sich der Vater weniger enthusiastisch über den „vermanierierten Mannheimer goût", der die Arbeit seines Sohnes zum Glück noch nicht ganz verdorben habe (Brief Leopold Mozarts an seinen Sohn vom 11.12.1777). Zu den Mannheimer Manieren, also bestimmten charakteristischen Orchestereffekten, die zum markantesten Merkmal des Mannheimer Orchesterstils wurden, rechnet man:
- das typische Crescendo einer aufsteigenden Tremolo-Linie bei meist gleichbleibender Harmonik („Orchesterwalze");
- eine charakteristische, fanfarenartig aufsteigende Dreiklangsmelodik („Rakete");
- eine empfindsam schmachtende Vorhaltsmelodik („Seufzer");
- ferner bestimmte Verzierungspraktiken (Umspielung des Haupttons zur Oberterz), Tremolopassagen, dramatische Generalpausen, Unisonoführungen und starke dynamische Kontraste auf kleinstem Raum.

Das, was Leopold Mozart den „vermanierierten Mannheimer goût" nennt, ist aber mehr als bloß äußerer Effekt. In der neuen Orchesterbehandlung, die eine bis dahin ungeahnte Brillanz und technische Perfektion erforderte („eine Armee von Generälen"), kommt das neue Stilbewußtsein am deutlichsten zum Ausdruck:
1. Das Orchester liefert mit seinen instrumentalen Möglichkeiten eine differenzierte Farbpalette, die „so gut ihre Schattierungen" hat wie die „Mahlerey" (Burney). Orchesterklang und Klangfarbe treten hier als neue, eigenständige Ausdrucksmittel in die Musikgeschichte ein. Sie sind gegenüber der linearen, kontrapunktischen Schreibweise etwas unerhört Neues.
2. Die neue Orchestertechnik und Instrumentalbehandlung bedeuten eine „Theatralisierung" der Instrumentalmusik. Sie findet eine formale Entsprechung im motivischen Dualismus und in der kontrastierenden Thematik der Orchesterwerke. Diese Prinzipien bilden die kompositionstechnischen Voraussetzungen für eine musikalische Konzeption, die dann in der Sonatenform als Formprinzip und in der Sinfonie als Gattung zur Entfaltung kommt.
3. Ein wichtiger Wandel im Bereich des Tonsatzes findet dadurch statt, daß die Polarität zwischen Baßfundament (Generalbaß) und Oberstimme allmählich aufgehoben und die harmonische Begleitung der Melodie zugleich einfacher und in gleichmäßigen Akkordbrechungen aufgelöst wird. Das neue „obligate Accompagnement" bedeutet, daß auch die Mittelstimmen figurativ und kantabel geführt werden und so zur Belebung und kompositorischen Durchgestaltung des gesamten Satzes beitragen.
4. Der Einfluß, den die neuen Techniken auf die kompositionspraktischen Möglichkeiten ausüben, läßt erkennen, daß die Wirkung der neuen Kompositionsweisen nicht mehr von der Interpretation der Werke zu trennen ist (vgl. M13).

Auch wenn einzelne spiel- und klangtechnische Neuerungen in Italien, Österreich oder in Frankreich bereits früher zu beobachten gewesen sein mögen, so sind doch die Wirkungen, die von dem neuen Mannheimer goût ausgegangen sind, kompositionsgeschichtlich bedeutsam geworden. Und man muß andererseits auch im Bewußtsein behalten, daß in den Jahren, in denen Johann Stamitz in Mannheim Konzertmeister wurde und den neuen Orchesterstil entwickelte, Johann Sebastian Bach in Leipzig an seinem „Musikalischen Opfer“ und an der „Kunst der Fuge“ arbeitete. Dieses gleichzeitige Nebeneinander verschiedener Stilrichtungen ist für alle Phasen eines Stilübergangs charakteristisch.

Musik für Kenner und Liebhaber

In kaum einem Bereich zeigt sich der Stilwandel im 18. Jahrhundert so deutlich wie in der Klaviermusik. Dabei müssen wir die Bezeichnung „Klaviermusik“ von ihrer Verwendungsweise im Barock unterscheiden. Dort wurden zu den „Clavierinstrumenten“ noch alle Tasteninstrumente gerechnet, also auch die Orgel. Im 18. Jahrhundert beginnt nun eine eigene Entwicklung der Klaviermusik. Einerseits bestehen dabei Clavichord und Cembalo noch weiter, andererseits setzt sich aber seit der Mitte des Jahrhunderts das bereits 1709 von Bartolomeo Christofori entwickelte Hammerklavier allmählich mehr und mehr durch. Johann Sebastian Bach spielte bereits bei seinem Besuch bei Friedrich dem Großen in Potsdam 1747 auf einem Silbermannschen Fortepiano.
Den instrumentenbautechnischen Veränderungen entsprach ein kompositorischer Wandel. Parallel dazu sind auch Veränderungen in der Schicht der Ausübenden zu beobachten. Waren die Kompositionen für Klavierinstrumente bisher ausschließlich für Berufsmusiker (Kantoren und höfische Kammercembalisten) bestimmt, so wenden sie sich nun an „Kenner und Liebhaber“. Klaviermusik wird zum bevorzugten Betätigungsfeld des gebildeten Dilettanten. Sein Musikverständnis gipfelt in der empfindsamen Hingabe an den Ausdrucksgehalt der Musik. Das Wochenblatt „Musikalisches Mancherley“ greift im Vorbericht zum 1. Stück 1762 noch einmal die Unterscheidung nach Kennern und Liebhabern auf und betont die Bedeutung der musikalischen Ausdruckskunst für ein Liebhaberpublikum: „Die Musik dient entweder dem Kenner, so wie ein wohlgebautes Haus, ein regelmäßig angelegter Garten vergnüget; oder sie ist Sprache der Empfindung“, die auch der Liebhaber versteht. Die neue Art der Klaviermusik und des ausdrucksvollen Klavierspiels ist schon zu Lebzeiten an Bachs zweitem Sohn Carl Philipp Emanuel bewundert worden.

M18 **Burneys Charakterisierung des Komponisten Carl Philipp Emanuel Bach**
Den Augenblick, da ich ins Haus trat, führte er mich die Treppen hinauf in sein schönes grosses Musikzimmer, welches mit mehr als hundertfunfzig Bildnissen von grossen Tonkünstlern, theils gemahlt, theils in Kupfer gestochen, ausgeziert war ... Nachdem ich solche besehen hatte, war Herr Bach so verbindlich, sich an sein Lieblingsinstrument, ein Silbermannisches Clavier zu setzen, auf welchem er drey oder viere von seinen besten und schweresten Kompositions, mit der Delikatesse, mit der Precision und mit den Feur spielte, wegen welcher er unter seinen Landsleuten mit Recht so berühmt ist. Wenn er in langsamen und pathetischen Sätzen eine lange Note auszudrücken hat, weiß er mit grosser Kunst einen beweglichen Ton des Schmerzens und der Klagen aus seinem Instrumente zu ziehen, der nur auf dem Clavichord, und vielleicht nur allein ihm, möglich ist hervorzubringen.
Nach der Mahlzeit ... erhielt ichs von ihm, daß er sich abermals ans Clavier setzte; und er spielte, ohne daß er lange dazwischen aufhörte, fast bis um Eilf Uhr des Abends. Während

dieser Zeit gerieth er dergestalt in Feuer und wahre Begeisterung, daß er nicht nur spielte, sondern die Miene eines ausser sich Entzückten bekam. Seine Augen stunden unbeweglich, seine Unterlippe senkte sich nieder und seine Seele schien sich um ihren Gefährten nicht weiter zu bekümmern, als nur so weit er ihr zur Befriedigung ihrer Leidenschaft behülflich war. Er sagte hernach, wenn er auf diese Weise öfter in Arbeit gesetzt würde, so würde er wieder jung werden. Er ist itzt neun und funfzig Jahre alt, ist eher kurz als lang von Wuchs, hat schwarze Haare und Augen, eine bräunliche Gesichtsfarbe, eine sehr beseelte Miene, und ist dabey munter und lebhaft von Gemüth.
Sein heutiges Spielen bestärkte meine Meinung, die ich von ihm aus seinen Werken gefaßt hatte, daß er nemlich nicht nur der grösseste Komponist für Clavierinstrumente ist, der jemals gelebt hat, sondern auch, im Punkte des *Ausdrucks*, der beste Spieler. Denn, andre können vielleicht eine eben so schnelle Fertigkeit haben. Indessen ist er in jedem Style ein Meister, ob er sich gleich hauptsächlich dem *Ausdrucksvollen* widmet.

Aus: Charles Burney: Tagebuch seiner musikalischen Reisen, Bd. 3, /Hamburg 1773, S. 212/213.

Gerade der intime Klang des Clavichords und dessen differenzierungsfähige Klangnuancen machten dieses Instrument zu seinem Lieblingsinstrument bei der Improvisation. In dieser Spontanform, in der die momentane Empfindung vorherrscht und sich frei von formalen Zwängen und Regeln verströmt, kommt die Musik der freien, reinen Empfindungssprache am nächsten. Einen Eindruck der freien improvisatorischen Gestaltung vermitteln noch die Fantasien, wie sie in den Probestücken zum „Versuch über die wahre Art, das Klavier zu spielen“ und in der 1779 erschienenen sechsteiligen Sammlung von „Sonaten, Rondos und Fantasien für Kenner und Liebhaber“ überliefert sind.

M19 Carl Philipp Emanuel Bach: Fantasia

Aus: 6. Sonate aus den Probestücken zum „Versuch über die wahre Art das Clavier zu spielen“ (1753), Schott, Mainz.

Die Verwirklichung des „redenden Prinzips“ in der Musik, also der Vorstellung, daß die Musik unmittelbar Gefühle ausspreche und Empfindungen im Hörer anspreche, führte dazu, daß rezitativische Einschübe, also Abschnitte, die die Deklamation der Rede nachahmen, auch in Sonate (vgl. M 14) und Sinfonie eindringen. Schließlich gibt es sogar Versuche, reinen Instrumentalwerken (Klavierstücken) einen Text zu unterlegen, um so die quasi-sprachliche Ausdrucksfähigkeit der Musik noch hervorzuheben. 1762 erschien in dem Berliner Wochenblatt „Musikalisches Mancherley“ anonym (als Autor kommt Carl Philipp Emanuel Bach in Betracht) ein Charakterstück „La Spinoza“, in dem der Komponist die Phasen des philosophischen Diskurses bei Spinoza, die die Musik darstellt, mit Worten verdeutlicht.

M 20 La Spinoza

Aus: Musikalisches Mancherley, 3. Stück, Berlin 1762, zit. nach Arnfried Edler: Das Charakterstück C. Ph. E. Bachs und die französische Tradition, in: Aufklärungen. Studien zur deutsch-französischen Musikgeschichte im 18. Jh., Bd. 2, Heidelberg 1986, S. 229.

Musik als Sprache der Empfindung nimmt in diesem besonderen Fall sogar die begriffliche Sprache des Verstandes zu Hilfe, um ihren Ausdrucksgehalt, der sonst gefühlshaft unbestimmt bleibt, eindeutig zu machen.
Die Wirkung der empfindsamen Musik ist am ehesten mit der allgemeinen Begeisterung der Zeit für die Oden Klopstocks (1724–1803) zu vergleichen. Diese stellten nach Burneys Zeugnis eine ganz neue und unerhörte Schreibart dar.[1] Das Neue und Ungewohnte der Oden besteht vor allem in der freien Gestaltung rhythmisch bewegter Rede, die ganz aus dem bewegten Inneren strömt. „Seine Oden stehen unter einem thematischen Gesetz, sie sind musikalisch aufgebaut... Gedanken und Empfindungen – nicht etwa ein stoffliches Geschehen – werden von der Sprache eingefangen."[2]

M21

Der Tod.

O Anblick der Glanznacht, Sternheere,
Wie erhebt ihr! Wie entzückst du, Anschauung
Der herrlichen Welt! Gott Schöpfer!
Wie erhaben bist du, Gott Schöpfer!

1 Vgl. Tagebuch seiner musikalischen Reisen, Bd. 3, Hamburg 1773, S. 190.
2 Richard Newald: Geschichte der deutschen Literatur, Bd. 6.1, München 1957, S. 29.

Wie freut sich des Emporschauns zum Sternheer wer empfindet
Wie gering er, und wer Gott, welch ein Staub er, und wer Gott
Sein Gott ist! O sey dann, Gefühl
Der Entzückung, wenn auch ich sterbe, mit mir!

Was erschreckst du denn so, Tod, des Beladnen Schlaf?
O bewölke den Genuß himmlischer Freude nicht mehr!
Ich sink' in den Staub, Gottes Saat! was schreckst
Den Unsterblichen du, täuschender Tod?

Mit hinab, o mein Leib, denn zur Verwesung!
In ihr Thal sanken hinab die Gefallnen
Vom Beginn her! mit hinab, o mein Staub,
Zur Heerschaar, die entschlief!

Aus: Friedrich Gottlieb Klopstock, Oden, Hamburg 1771, ND Bern 1971, S. 65.

Während der Blütezeit der Musik am Mannheimer Hof in der zweiten Hälfte des 18. Jahrhunderts erschien in der benachbarten pfälzischen Residenz des zweibrückisch-wittelsbachischen Herzogs ein „Choix de musique", das den gebildeten Dilettanten zum Publikum hatte. Diese Sammlung befindet sich im Anhang einer Literaturzeitung, die über alle kulturellen Ereignisse in Europa berichtete. Sie gewährt uns einen guten Einblick in den musikalischen Zeitgeschmack der höfischen Gesellschaft, der Hofbeamten wie der vornehmen Bürger. Französische Romanzen und Airs (Lieder), Sätze für das Clavecin (Cembalo) und eine Fülle von Duetten in unterschiedlicher Besetzung entsprechen dabei genau den Möglichkeiten für das Musizieren auch in den Bürgerhäusern.
Daß das Clavecin (Cembalo) in dieser Sammlung noch vorherrscht, obwohl sich das Hammerklavier längst durchgesetzt hatte, hängt gerade mit der Situation der Bürgerhäuser und den darin befindlichen Instrumenten zusammen. Wir können uns aber diese Musik ebenso gut oder vielleicht sogar treffender auf dem Hammerklavier gespielt vorstellen (vgl. die Abbildungen auf S. 108). Die rokokohafte Schäferidyllik der Romanzen und Lieder spiegelt den Zeitgeschmack ebenso wider wie die galante Melodik mit ihrer formelhaft einfachen Begleitung.
Die Musikpflege in den vornehmen Bürgerhäusern richtete sich in der 2. Hälfte des 18. Jahrhunderts natürlich nach dem höfischen Geschmack. Den dort stattfindenden Wandel im Theaterleben von einer professionellen Schauspielertruppe zum Gesellschaftstheater, bei dem Hofbedienstete und Bürger gleichermaßen die Akteure stellten und eigene musikalische Betätigung zur gebildeten Unterhaltung erhoben, zeigen die lebensvollen Erinnerungen des Hofmalers Johann Christian von Mannlich (1741–1822):
Die Abwesenheit des Herzogs „hatte man dazu benützt, mehrere Lustspiele und komische Opern einzustudieren, und auch ich trat mein Amt als Theaterregisseur wieder an. Die Truppe der Darsteller hatte inzwischen durch Fräulein Wendling, eine schöne, junge und

vorzügliche Sängerin, und den französischen Ingenieur Mr. de Vismes sowie dessen Frau Zuwachs erhalten... Abgesehen davon, daß er ein vollendeter Schauspieler war, musizierte er auch trefflich und sang hinreißend schön. Seine junge, sehr hübsche Frau war eine nicht minder geschickte Darstellerin, besaß gleichfalls eine gute Stimme und verstand sehr viel von Musik. Ritter v. Decker und Marquis v. Piatti, die untergeordnete Gesangspartien übernahmen, vervollständigten das vornehme Ensemble, in das noch zwei sehr tüchtige Orchestermitglieder als Sänger aufgenommen wurden... Im geheimen mühte man sich viel mit der Einstudierung einer Opéra comique ab, mit der man den Herzog zu überraschen gedachte. Fürs erste wählte man Dunis ‚La Laitière', deren Musik einfach und leicht ist, in der Absicht, damit den Maßstab für unsere musikalischen Fähigkeiten zu gewinnen."[1]

M22 **Ludwig Karr: Romanze „Que j'aime la voix de Silvie"**

1 Rokoko und Revolution. Lebenserinnerungen des Johann Christian von Mannlich, Berlin 1913, S. 226–228.

Aus: Choix de musique, Deuxponts 1783, H. II, Nr. 4.

Que j'aime la voix de Silvie
Quelle magie
Produit des sons si ravissans
Seroit-ce Euterpe ou Polimnie
Non c'est Silvie
Que j'aime la voix de Silvie.

Mille projets les plus charmans
Quand je la vois flattent mes sens
Mais je les oublie
Quand je l'entends
Que j'aime la voix de Silvie.

Faut-il donc ne plus vous entendre
ô doux charme de mes loisirs
Je sens que cette voix si tendre
Trop longtemps fit tous mes plaisirs
Faut-il Silvie
De ta voix chérie
Ne plus avoir que de vains souvenirs.

Wie lieb' ich deine Stimme, Silvie!
Welche Magie
bringt solch entzückende Töne hervor.
Ist es Euterpe oder Polyhymnia?
Nein, es ist Silvie.
Wie lieb' ich die Stimme der Silvie!

Tausend betörende Gedanken
umschmeicheln meine Sinne, wenn ich sie sehe;
aber sie schwinden,
sobald ich sie höre.
Wie lieb' ich die Stimme der Silvie!

Soll ich Euch denn nun nicht mehr hören,
o süßer Zauber meiner Mußestunden?
Ich fühle, daß diese zarte Stimme
schon zu lange all mein Vergnügen war.
Darf ich, Silvie,
von deiner geliebten Stimme
nur noch die bloße Erinnerung behalten?
(Übers. vom Verf.)

Knight Charles Wheatley: Dame am Klavier mit Kavalieren

Karl Kaspar Pitz: Bürgerin am Klavier

Arbeitsmöglichkeiten und Anregungen

1. Bestimmen Sie die musikalischen Mittel des empfindsamen Stils und „redenden Prinzips" bei Carl Philipp Emanuel Bach.
2. Wie wirkt sich die Verlagerung der Urteils- und Geschmacksträgerinstanz auf den Kenner und Liebhaber, d. h. auf den gebildeten Dilettanten künstlerisch aus?
3. Vergleichen Sie die beiden Darstellungen musizierender Damen. Inwiefern spiegelt sich darin ein stilistischer und gesellschaftlicher Wandel? Versuchen Sie eine Verbindung dieser Musikdarstellung mit typischen Formen der damaligen Musik herzustellen.
4. Setzen Sie die Darstellung der „Bürgerin am Klavier" mit der Romanze von Ludwig Karr (M22) in Beziehung. Was läßt sich über die gesellschaftliche Funktion der Musik aus dem Bild ablesen?
5. Prüfen Sie mögliche Gemeinsamkeiten, die man zwischen dem sprachlichen Ausdruck in der Ode Klopstocks und dem „redenden Prinzip" in den Sonaten und Phantasien Carl Philipp Emanuel Bachs feststellen könnte.
6. Nehmen Sie zu dem Problem Stellung, daß die Zeitspanne von einem halben Jahrhundert zwischen 1720/30 und 1770/80 zwar durch entscheidende ästhetische Veränderungen und eigenständige kompositionstechnische Entwicklungen gekennzeichnet ist, sie aber dennoch bloß als Übergangsphase (Vor- oder Frühklassik) oder als Nebenerscheinung (galanter Stil) gekennzeichnet wird.

Drittes Beispiel: Stilwandel um 1600

Es gibt Zeiten, in denen das Bewußtsein vom Anbruch eines neuen Zeitalters besonders stark ist. Es sind dies Zeiten, in denen bislang gültige Vorstellungen von der Welt (Paradigmen) durch neue Ansichten und Einsichten ersetzt werden (Paradigmenwechsel), durch die der Mensch in seinem Selbstverständnis erschüttert und aus seiner Geborgenheit herausgestoßen wird.

In vieler Hinsicht gilt dies auch für unsere eigene Zeit, in der die Eroberung des Weltraums, der Einstieg in die Atomenergie, neue Möglichkeiten der Gentechnologie, der Einbruch der Informationstechnik (Computer) in das Alltagsleben und vieles mehr das Bewußtsein vom Beginn eines neuen Zeitalters hervorrufen (vgl. Fritjof Capras Buch: Wendezeit, 1982). Zugleich zwingen ökologische Probleme und die Gefahren, die die neuen Technologien mit sich bringen, auch zum Umdenken und verstärken das Bewußtsein, wieder an Grenzen zu stoßen. Doch während die Neuzeit mit der Öffnung des mittelalterlichen Kosmos und damit eine Zeit scheinbar unbegrenzter Möglichkeiten begann, werden wir heute gewahr, daß gerade infolge der technischen Machbarkeit neue ethische, moralische Grenzziehungen erforderlich werden.

Einen tiefgreifenden Wandel können wir auch im Übergang zum 17. Jahrhundert feststellen. Die Jahrhundertwende um 1600 wurde von den damaligen Menschen als ein epochaler Einschnitt empfunden. In feierlicher Zeremonie wurde im Petersdom in Rom eine zugemauerte Pforte aufgebrochen, um so den Eintritt in einen neuen Zeitraum zu symbolisieren. „Im Wechselgesang zwischen Papst und Chor entstand die Vision des Eintritts in ein imaginäres Gotteshaus. Besuchern aus aller Welt (unter ihnen Herzog Friedrich I. von Württemberg, dessen Chronist die Feierlichkeit festgehalten hat) wurde damit plastisch ein Zeitenwechsel vor Augen und Ohren geführt, der allgemein als tiefe Zäsur erschien.“[1]

Wir sind gewohnt, kunst- und musikgeschichtlich diesen Epochenwechsel als Übergang von der Renaissance zum Barock zu bezeichnen. Daß dabei die eineinhalb Jahrhunderte dauernde Epoche des musikalischen Barock (von Caccinis „Nuove Musiche“ 1601 bis zu Bachs Tod 1750) eine einheitliche Stilepoche darstelle, wird man schwerlich behaupten können. Wir wollen daher auch nicht beide Stilepochen als ganze einander gegenüberstellen und miteinander vergleichen, sondern uns den Wandel im musikalischen Denken vor Augen und Ohren führen, und zwar den Wandel in der kompositorischen Praxis (neue Schreibweise und Gattungen), in der Kunsttheorie (veränderte Begründungen und Rechtfertigungen) und im musikalischen Erleben (neue Wirkungen, Einstellungen und Funktionen).

1 Werner Braun: Die Musik des 17. Jahrhunderts, Neues Handbuch der Musikwissenschaft, Bd. 4, Wiesbaden 1981, S. 1.

Ein musikalischer Stilvergleich

Palestrina: Benedictus aus der „Missa Papae Marcelli“ (um 1560) – Monteverdi: Lamento d’Arianna (1608)

M1 **Giovanni Pierluigi da Palestrina: Benedictus aus der Missa Papae Marcelli (um 1560)**

S.
A.
T.
ctus
di - ctus, be - ne - di - ctus
ctus qui ve -
be - ne di - ctus qui
20
qui ve - nit,
qui ve - nit, qui
nit qui ve -
ve - nit, qui ve - nit,
20
qui ve - nit in
ve - nit in no - mi -
nit, ve - nit
qui ve - nit, qui ve -

Zit. nach Ed. Eulenburg, Schott, Mainz.

Palestrina wurde um 1525 in Palestrina geboren und wird nach seinem Geburtsort (sein Familienname war eigentlich Pierluigi) genannt. Er wirkte als Kapellmeister in Rom und wurde ungeachtet seiner Verheiratung 1555 in die Päpstliche Kapelle berufen. Als hochangesehener Komponist wirkte er nach verschiedenen Kapellmeistertätigkeiten am Jesuitenkolleg in Rom und im Dienst des Kardinals Ippolito d'Este zuletzt bis zu seinem Tod 1594 an der Peterskirche in Rom. Er gilt als Meister der Vokalpolyphonie und wurde mehreren Jahrhunderten zum Vorbild wahrer Kirchenmusik.
Die „Missa Papae Marcelli" ist infolge der Bedeutung, die ihr nachfolgende Jahrhunderte, insbesondere die frühe Romantik und die kirchenmusikalische Restaurationsbewegung im 19. Jahrhundert (Caecilianismus) beigelegt haben, zu einer der berühmtesten Meßvertonungen Palestrinas geworden. Ihren Ruhm verdankt sie nicht zuletzt aber der Legende, daß Palestrina mit ihr zum „Retter der Kirchenmusik" geworden sei. Die näheren Umstände und das tatsächliche Kompositionsdatum dieser Messe sind bis heute nicht geklärt. Naheliegend ist aber ein enger Zusammenhang mit den gegenreformatorischen Bestrebungen des Tridentiner Konzils (1545–1563), das sich auch gegen die Verweltlichung der Kirchenmusik wandte. Eine nachkonziliare Kardinalskommission, die 1564/65 eingesetzt wurde und der die Kardinäle V. Vitelli und C. Borromeo angehörten, sollte die Textverständlichkeit in polyphoner Kirchenmusik fördern und die Einhaltung dieser Forderung überwachen. Am 28. April 1565 versammelten sich die Sänger der päpstlichen Kapelle im Hause des Kardinals Vitelli, um zu prüfen, inwieweit in polyphonen Messen die Textverständlichkeit noch gewährleistet sei. Ob bei dieser Gelegenheit auch Palestrinas Messe, die erst 1567 im Druck erschienen, aber bereits 1563 in einem Chorbuch handschriftlich überliefert ist, aufgeführt wurde, ist bis heute nicht zu klären. Die Erwähnung von Papst Marcellus im Titel der Messe könnte die Vermutung nahelegen, daß sie schon zu dessen Inthronisation (1555) komponiert wurde. Die Bezugnahme auf diesen Papst wäre aber auch bei einer späteren Entstehung erklärbar, weil bekannt ist, daß dieser Papst (dessen Pontifikat nur 22 Tage dauerte) die Mängel der Kirchenmusik gerügt haben soll. Und ganz offensichtlich entstand diese Messe in Verbindung mit der Forderung nach einem Ausgleich zwischen Textverständlichkeit und strengem kontrapunktischen Satz.

M2 Claudio Monteverdi: Lamento d'Arianna

2 Fassungen

2.1 Aus der Oper „Arianna" (1608)

Zit. nach: Tutte le opere di Claudio Monteverdi, hg. von G. F. Malipiero, Bd. 11, © 1968 by Universal Edition AG Wien.

2.2 Fünfstimmige Madrigalversion

p
pp
- scia - te - mi mo - ri - - - re
La - scia - te - mi mo - ri - - - re
La - scia - te - mi mo - ri - - re
- mi La - scia - te - mi mo - ri - - re e chi vo -
- scia - te - mi mo - - - ri - - - re
e chi vo - le - te voi che mi con - for - te in co - sì
- le - te voi che mi con - for - te in co - sì du - -
e chi vo - le - te voi che mi con - for - te in co - sì
La -
La -
du - ra sor - te in co - sì gran mar - ti - re
- ra sor - te in co - sì gran mar - ti - re
du - ra sor - te in co - sì gran mar - ti - re La -

- scia - te - mi mo - ri - - re e chi vo - le - te voi
- scia - te - mi mo - ri - - re e chi vo - le - te voi
e chi vo - le - te voi
e chi vo - le - te voi
- - scia - te - mi mo - ri - - re E chi vo - le - te voi che
che mi con - for - te in co - sì du - ra sor - te in co - sì
che mi con - for - te in co - sì du - - ra sor - te
che mi con - for - te in co - sì du - ra sor - te
che mi con - for - te in co - sì du - ra sor - te
mi con - for - te in co - sì du - ra sor - te
gran mar - ti - re La scia - - te - mi mo - ri - re
in co - sì gran mar - ti - re La - scia - - te - mi mo - ri - re
in co - sì gran mar - ti - re La -
in co - sì gran mar - ti - re
in co - sì gran mar - ti - re La - scia - te - mi mo - ri - re
pp
pp
pp

Erschien im VI. Madrigalbuch, Venedig 1614.
Zit. nach: Tutte le opere di Claudio Monteverdi, hg. von G. F. Malipiero, Bd. 6, © 1968 by Universal Edition AG Wien.

Monteverdi wurde 1567, im Jahr der Drucklegung von Palestrinas „Missa Papae Marcelli“, in Cremona geboren. Er war seit 1590 Violaspieler, dann Kapellmeister am Hofe der Gonzaga, Herzog von Mantua, von 1613 bis zu seinem Tod 1643 Kapellmeister an San Marco in Venedig. Monteverdi vertrat die moderne Richtung seiner Zeit und ist der erste bedeutende Opernkomponist.
Die Oper „Arianna“, von der allein das Lamento erhalten geblieben ist, wurde am 28. Mai 1608 während der Festlichkeiten aus Anlaß der Hochzeit des Herzogs Francesco von Mantua mit Margherita von Savoyen mit großem Erfolg aufgeführt. Ein Gesandter der Stadt Modena berichtet darüber: „Dann wurde die Oper aufgeführt, die vor dem Avemaria begann und bis in die dritte Abendstunde dauerte, und alle schön gekleideten Sänger machten ihre Sache sehr gut, am besten von allen aber Arianne, die Komödiantin [gemeint ist die Komödiantin Virginia Andreini, Star einer Commedia dell'arte Gruppe, die kurzfristig einspringen mußte]; und es war die Geschichte von Ariadne und Theseus, und sie brachte in ihrem Lamento in musica, das von Violen und Violinen begleitet wurde, mit ihrem Unglück viele zum Weinen“ (zit. nach Silke Leopold: Claudio Monteverdi, Laaber 1982, S. 20/21).
Schon zu Monteverdis Lebzeiten stellte dieses Lamento der Arianna, das den Typus der Gattung „Lamento“ begründete, an Bekanntheit und Bewunderung alles bisherige in den Schatten. „Wo immer künftig der Name Monteverdi fiel, wurde die Ariannenklage im selben Atemzug genannt; es gab nach einem Bericht aus Florenz dort kein Haus, in dem ein Cembalo stand, wo nicht auch die Noten des Lamentos vorhanden waren“ (Leopold, a.a.O., S. 163). Ein eigener Druck dieser Klage erschien 1623 inVenedig.
1610, also 2 Jahre nach der Oper, verfaßte Monteverdi auf Veranlassung des Herzogs eine fünfstimmige Madrigalfassung, die er 1614 an den Anfang seines 6. Madrigalbuchs stellte. Oper und Madrigal, also monodischer Gesang im „stile rappresentativo“ und affektgeladene Ausdruckskunst, bilden die neuen, „modernen“ Gattungen des 17. Jahrhunderts.
Und noch ein weiteres Mal hat Monteverdi auf diese Lamentokomposition zurückgegriffen, und zwar als Kontrafaktur (d. h. als geistliche Umtextierung), die sich in der Sammlung geistlicher Musik „Selva morale e spirituale“ (1641) findet. An die Stelle der klagenden Arianna, also einer Heldin der antiken Mythologie, ist nun Maria getreten, die am Fuß des Kreuzes ihren Sohn beweint. Die geistliche Verwendung ursprünglich weltlicher Kompositionen war seit dem Mittelalter durchaus üblich und verletzte nicht das religiöse Empfinden der Menschen. Vielmehr bestand seit der Gegenreformation ein ausgesprochener Bedarf an geistlicher Musik, die außerhalb des Gottesdienstes musiziert werden konnte. So waren geistliche Umdichtungen bekannter weltlicher Kompositionen durchaus angesehen.

LAMENTO
D'ARIANA
DEL SIGNOR
CLAVDIO MONTEVERDE
MAESTRO DI CAPELLA
Della Serenissima Republica.
con due Lettere Amorose in genere Rappresentativo.
CON PRIVILEGIO.
STAMPA DEL GARDANO
IN VENETIA MDCXXIII.
Appresso Bartolomeo Magni. A

Titelblatt des Druckes des Lamento d'Arianna fünfzehn Jahre nach der Uraufführung der Oper 1608, Venedig 1623

M3 Ein Zeitbild um die Jahrhundertwende

Monteverdis Lebenszeit umfaßt eine Periode einschneidender Umwälzungen, die das Weltgefüge in allen Bereichen des Daseins zutiefst erschütterten, eine Zeit des Umbruchs, in der die religiösen und politischen Veränderungen der vergangenen Jahrzehnte auch auf das geistig-kulturelle Leben zu wirken begannen, in der die politische Szenerie eines von Kriegen zerrissenen Europas Ursache und Folge der zugrundegegangenen emotionalen Sicherheit des einzelnen Menschen war...

Mit der politischen ging eine wirtschaftliche Krise einher, die ihren Höhepunkt in der ersten Hälfte des 17. Jahrhunderts erreichte. Auch die religiöse Sicherheit war gestört, seit die Reformation die mitteleuropäische Christenheit in Katholiken und Protestanten gespalten hatte...

Ein letztes, dem Menschen den sicheren Boden unter den Füßen wegzuziehen, vermochten die Naturwissenschaften, die sich eben in diesem Zeitraum von spekulativen zu experimentellen Wissenschaften zu wandeln begannen und Ergebnisse zutage förderten, die dem Individuum schließlich auch noch seinen festen Platz im kosmischen Weltgefüge raubten. Das neuerfundene Mikroskop zeigte dem Menschen Dinge und Strukturen, von denen er zuvor nicht einmal eine Vorstellung gehabt hatte. Mit dem etwa gleichzeitig entwickelten Fernrohr ließen sich Behauptungen von der Unendlichkeit des Alls beweisen, für die der Dominikanermönch Giordano Bruno nur wenige Jahre zuvor öffentlich als Ketzer verbrannt worden war; man begriff, daß die Dinge keinen festen Ort in einem wohlgefügten Weltgebäude hatten, sondern daß der Winzigkeit und der Riesenhaftigkeit keine Grenzen gesetzt waren, daß die Welt unermeßlich war und die Erde nicht ihr Zentrum, sondern nur einer von unzähligen Planeten im All.

Auf irgendeine Weise mußte der Mensch auf diese Erschütterungen reagieren. Hatte es in allen politischen und wirtschaftlichen Wirrnissen noch Oasen des Friedens gegeben, in denen die Beschäftigung mit den Künsten und den Wissenschaften noch in jener aus Vernunftstolz und weiser Selbstbeschränkung geborenen Harmonie und Ausgewogenheit des Renaissance-Menschen sich vollziehen konnte, so brach mit den neuen wissenschaftlichen Erkenntnissen auch dort das Ordnungsgefüge ... zusammen. Pessimismus, Unsicherheit, Spannung, Zerrissenheit, Auflehnung gegen den Rationalismus, Verneinung allgemeingültiger Grenzen, jähe Stimmungsumschwünge, Polarität der Empfindungen waren die Folge, Exzentrizität im genauen Sinne des Wortes, eine Atmosphäre, die eher einem Tanz auf dem Vulkan glich als einem sanften Schaukeln auf dem Lebensschiff. Das Sichfallenlassen in ein Extrem provozierte das andere Extrem: Diese Erkenntnis der Sinnlosigkeit allen irdischen Strebens förderte die vitale Lust am Diesseits; das Unvermögen, in dem Gewirr der Welt sich selbst zu finden, reizte zu theatralischer Selbstdarstellung; der Verlust inhaltlicher Normen weckte das Vergnügen an pointenreicher Artistik.

Aus: Silke Leopold: Claudio Monteverdi, Laaber 1982, S. 47, 48/49.

M4 Giordano Bruno (1548–1600): I corpi celesti (Die Himmelskörper)

Eine Einheit ist der Himmel, der unermeßliche Raum, des Sinns, der alles umfassende Kontinent, die ätherische Region, durch die alles hindurchläuft, in der alles sich bewegt. Daselbst sieht man sinnlich erfaßbar unzählige Sterne, Himmelskörper, Globen, Sonnen und Erden, und folgert das Vorhandensein von unendlich vielen noch. Das maßlose und unendliche Weltall ist die aus solchem Raum, aus solchen darin enthaltenen Körpern bestehende Gesamtheit.

Jene Körper sind die großen Lebewesen, von denen viele ein klares Licht ausstrahlen, das ihnen Gestalt verleiht: sie sind von allen Seiten erkennbar. Einige davon sind wirksam heiß, wie die Sonne und andere unzählbare Feuer; andere sind kalt, wie die Erde, der Mond, Venus und andere unzählbare Erden. Sich einander teilhaftig machend, am Ursprung des Lebens teilhabend, vollziehen sie, in bestimmten Räumen, in bestimmten Abständen, ihre Drehungen umeinander. Die Erde bewegt sich um ihren eigenen Mittelpunkt, um Licht und Schatten, Tag und Nacht zu empfangen, Hitze und Kälte. Es dreht sich die Sonne, um Frühling, Sommer, Herbst und Winter auszuteilen. Sie bewegen sich auf die sogenannten Pole und die entgegengesetzten hemisphärischen Punkte zu: zur Erneuerung der Jahrhunderte, zur Veränderung ihrer Gestalt; so daß dort, wo einst Meer war, jetzt Trockenheit herrsche; dort, wo alles vor Hitze kochte, jetzt die Kälte sei; dort, wo der Wendekreis war, jetzt die Tag- und Nachtgleiche ist, so daß endlich alle Dinge ihren Wandel haben.

Man sehe, wie der Mann vom Weib angerührt wird, und das Weib vom Manne, jede Pflanze und jedes Lebewesen, das eine mehr, das andere weniger ausdrücklich, bewegen sich unter der Einwirkung des eigenen vitalen Ursprungs, sei es die Sonne oder seien es andere Sterne. Den Magnet zieht es zum Eisen, die Spreu zum Amber, so daß am Ende ein Jegliches die zu ihm passende Beschaffenheit aufsucht und das Gegenteil flieht.

Es bewegen sich demnach die Erde und die anderen Sterne, entsprechend ihrer örtlichen Unterschiedlichkeit, auf ihren innen eingeschlossenen Ursprung zu, der ihre eigene Wesenheit ausmacht.

Diese flammenden Körper sind Botschafter, welche die Vollkommenheit des Glanzes und der Majestät Gottes verkünden. Das gibt uns den Anstoß, die unendliche Wirkung der unendlichen Ursache zu entdecken, die wahre, die lebendige Spur der unendlichen Energie. Und wir haben die wissenschaftlich begründete Ansicht, das Göttliche nicht außerhalb unserer Selbst zu vermuten: wenn wir das verstanden haben, sind wir innerlich mehr als wir selbst sind, in uns selbst begriffen.

Zit. nach der deutschen Übersetzung von Hans Werner Henze, in: Der Komponist Hans Werner Henze, Mainz 1986, S. 331.

Giordano Bruno, 1563 Dominikaner in Neapel, war italienischer Naturphilosoph, der mit seinem modernen Weltbild, wonach die Erde und die Planeten die Sonne umkreisen, die orthodoxe kirchliche Lehrmeinung erschütterte und daher 1600 als Ketzer verbrannt wurde, nachdem er durch Verrat der Inquisition ausgeliefert worden war.

Abraham Bosse (1602–1676): Auditus (L'ouye) (um 1640)

Dieser Stich entstammt einer Serie, die die menschlichen Sinne darstellt. Das abgebildete Ensemble repräsentiert die kunstvolle Mehrstimmigkeit und könnte die Aufführung eines italienischen fünfstimmigen Madrigals darstellen.

Arbeitsvorschläge und Anregungen

1. Musizieren (vokal, instrumental oder gemischt) und hören Sie die Sätze von Palestrina und Monteverdi. Stellen Sie charakteristische Merkmale und Unterschiede im Ausdruck, im musikalischen Satz (Stimmführung, Stimmumfang, Dissonanzbehandlung), in der Textbehandlung und Affektdarstellung zusammen.
2. Sammeln Sie weitere Informationen zu Leben und musikalischer Stellung beider Komponisten in Italien und zu ihrer Geltung im Musikleben der Gegenwart.
3. Informieren Sie sich über die geistesgeschichtliche Situation um die Jahrhundertwende zum 17. Jahrhundert, also über die Entwicklungen in den Naturwissenschaften, in Philosophie, Religion, Politik und Kunst (Architektur, Literatur, Malerei). Gehen Sie dabei von dem Text Giordano Brunos (M4) aus.
4. Erörtern Sie mögliche Beziehungen zwischen den allgemeinen Strömungen und den künstlerisch-musikalischen Reaktionen. (Wie kann man die Verwendung neuer Stilmittel aus der Zeit heraus erklären oder verstehen?)
5. Was läßt sich aus dem Stich von Abraham Bosse über die Aufführungspraxis fünfstimmiger Madrigale ablesen?

Renaissance und Barock in der Malerei

Die Epochenbezeichnungen „Renaissance“ und „Barock“ stammen aus der bildenden Kunst und beziehen sich auf Erscheinungen in der Architektur und Malerei. Der Kunsthistoriker Heinrich Wölfflin (1864–1945) hat versucht, allgemeine Grundformen für den Stilwandel von der Renaissance zum Barock zu bestimmen und diese auf einen Wandel der Auffassungstätigkeit und der Vorstellungsfähigkeit zurückzuführen. Nun kann man streiten, ob die Epochenbezeichnungen „Renaissance“ und „Barock“ auch auf musikalische Entwicklungen zutreffen. Die von Wölfflin aufgestellten Grundformen sind aber von so allgemeiner Bedeutung, daß sie etwas von dem Vorstellungswandel im Denken und in der Wahrnehmung schlechthin deutlich machen. Wenn Wölfflin ganz allgemein den Stilwandel in einem Übergang vom mehr Linearen zum Malerischen, von der Fläche zur Tiefe und von der Betonung der Vielheit zur Gestaltung der Einheit erblickt, so kann man diese Erscheinungen sicher nicht unmittelbar auf Musik übertragen, aber dennoch prüfen, inwieweit damit grundlegende Erscheinungen künstlerischer Gestaltung angesprochen sind, deren Wirkungen sich auch in der Musik finden lassen könnten. So kann man durchaus fragen, ob z. B. die seit der Renaissance festzustellende Tendenz, daß der einzelne mehr und mehr aus der Geborgenheit und Anonymität der Gemeinschaft als Individuum heraustritt, sich auch im musikalischen Denken, in der kompositorischen Praxis niederschlägt, die um 1600 ja die Monodie, d.h. den Sologesang mit seiner individuellen Affektdarstellung hervorgebracht hat. Verzichtet man bei Wölfflins Begriffen auf eine vorschnelle Gleichsetzung mit musikalischen Erscheinungen, so können sie durchaus etwas zum besseren Verständnis des geistigen und künstlerischen Wandels beitragen.

M5 Wölfflins Charakterisierung des Übergangs zum Barock

Mit der Erörterung dieser allgemeinsten Darstellungsformen beschäftigt sich unsere Schrift. Sie analysiert nicht die Schönheit Leonardos oder Dürers, wohl aber das Element, in dem diese Schönheit Gestalt gewonnen hat... Auf dem Gebiet der neueren Kunst wollen wir versuchen, diese Grundformen herauszusondern...

Im Interesse der Einfachheit müssen wir die Freiheit in Anspruch nehmen, vom 16. und 17. Jahrhundert als Stileinheiten sprechen zu dürfen, trotzdem diese Zeitabschnitte keine homogene Produktion bedeuten und namentlich die Züge der seicentistischen [seicento = 17. Jh.] Physiognomie schon lange vor dem Jahre 1600 sich zu bilden begonnen hatten, wie sie andererseits noch weithin das Aussehen des 18. Jahrhunderts bedingen...

Irren wir uns nicht, so läßt sich die Entwicklung in provisorischer Formulierung auf folgende fünf Begriffspaare bringen.

1. Die Entwicklung vom Linearen zum Malerischen, das heißt die Ausbildung der Linie als Blickbahn und Führerin des Auges und die allmähliche Entwertung der Linie. Allgemeiner gesagt: Die Begreifung der Körper nach ihrem tastbaren Charakter – in Umriß und Flächen – einerseits und andererseits eine Auffassung, die dem bloßen optischen Schein sich zu überlassen imstande ist und auf die „greifbare“ Zeichnung verzichten kann... Das plastische und konturierende Sehen isoliert die Dinge, für das malerisch sehende Auge schließen sie sich zusammen...
2. Die Entwicklung vom Flächenhaften zum Tiefenhaften. Die klassische Kunst bringt die Teile eines Formganzen zu flächiger Schichtung, die barocke betont das Hintereinander. Die Fläche ist das Element der Linie, flächenhaftes Nebeneinander die Form der größten Schaubarkeit; mit der Entwertung des Konturs [der Kontur] kommt die

Paris Bordone (1500–1571):
Bathseba im Bade (1545)

Bartolomé Estéban Murillo (1618–1682):
Alte Frau und Knabe (1650/60)

[Vgl. die farbigen Abbildungen im Anhang.]

Entwertung der Fläche und das Auge bindet die Dinge wesentlich im Sinne des Vor- und Rückwärts...

3. Die Entwicklung von der geschlossenen zur offenen Form. Jedes Kunstwerk muß ein geschlossenes Ganzes sein und es ist ein Mangel, wenn man findet, es sei nicht in sich begrenzt. Allein die Interpretation dieser Forderung ist eine so verschiedene gewesen im 16. und 17. Jahrhundert, daß man gegenüber der aufgelösten Form des Barock die klassische Fügung als die Kunst der geschlossenen Form überhaupt bezeichnen kann. Die Lockerung der Regel, die Entspannung der tektonischen Strenge oder wie immer man den Vorgang bezeichnen mag, bedeutet nicht eine bloße Reizsteigerung, sondern ist ein konsequent durchgeführter, neuer Darstellungsmodus...
4. Die Entwicklung vom Vielheitlichen zum Einheitlichen. In dem System einer klassischen Fügung behaupten die einzelnen Teile, so fest sie dem Ganzen eingebunden sind, doch immer noch ein Selbständiges...Das Einzelne ist bedingt vom Ganzen und doch hat es nicht aufgehört, ein Eigenes zu sein. Für den Betrachter setzt das ein Artikulieren voraus, ein Fortschreiten von Glied zu Glied, das eine sehr verschiedene Operation ist gegenüber der Auffassung im ganzen, wie sie das 17. Jahrhundert anwendet und fordert. In beiden Stilen handelt es sich um eine Einheit..., allein das eine Mal ist die Einheit erreicht durch eine Harmonie freier Teile, das andere Mal durch ein Zusammenziehen der Glieder zu *einem* Motiv oder durch Unterordnung der übrigen Elemente unter ein unbedingt führendes.

5. Die absolute und die relative Klarheit des Gegenständlichen ... Es ist etwas Besonderes, daß die klassische Zeit ein Ideal vollständiger Klarheit ausbildete, das das 15. Jahrhundert nur unbestimmt geahnt hatte, das 17. aber freiwillig preisgab. Nicht daß man unklarer geworden wäre, was immer ein widriger Eindruck ist, allein die Klarheit des Motivs ist nicht mehr Selbstzweck der Darstellung; es braucht nicht mehr die Form in ihrer Vollständigkeit vor dem Auge ausgebreitet zu werden, es genügt, die wesentlichen Anhaltspunkte gegeben zu haben. Komposition, Licht und Farbe stehen nicht mehr unbedingt im Dienste der Formaufklärung, sondern führen ihr eigenes Leben.

Aus: Heinrich Wöfflin: Kunstgeschichtliche Grundbegriffe, München ^{2}1917, S. 14–17.

Ein Fall moderner Musik um 1600: Die Monodie

Bereits in den 70er Jahren des 16. Jahrhunderts (cinquecento) traf sich in Florenz im Hause des Grafen Bardi ein kleiner Kreis von Gelehrten, Philosophen, Literaten und Musikern, ein „Experimentier- und Debattierclub" (Braun), der später in der Musikgeschichte „Florentiner Camerata" genannt wurde und der sich mit scheinbar ganz esoterischen Dingen und gelehrten humanistischen Problemen des Verständnisses der Antike beschäftigte. Dabei wurden natürlich auch Fragen der griechischen Musik und Musiktheorie erörtert. Zu diesem Kreis gehörte unter anderen Vincenzo Galilei (der Vater des Mathematikers und Physikers Galileo Galilei). Er stand mit dem florentinischen Gelehrten Girolamo Mei in einem regen Gedankenaustausch über die Grundlagen der griechischen Musiktheorie. Nach dessen Forschungen erschöpfte sich die griechische Musik in der einstimmigen Melodik. Er forderte daher auch für seine Zeit, daß der emotionalen Bewegung der Melodie Vorrang vor der kontrapunktischen Kunst zukomme. Diese Gedanken griff Vincenzo Galilei in seinem 1581 gedruckten „Dialogo della musica antica et della moderna" auf. In der Form eines platonischen Dialogs zwischen dem Grafen Bardi und dem Musiker Piero Strozzi entwickelt Galilei seine Forderung nach der Rückkehr zur antiken Einstimmigkeit, in der die Textrezitation und der leidenschaftliche Ausdruck zu einer neuen Form des Gesangs verbunden werden sollen. Glänzende Feste am Florentiner Hof der Medici bildeten den Hintergrund für allerlei Experimente. So erklangen zum Karneval 1597 die Favola pastorale „Dafne" mit der Musik von Jacopo Peri und Giulio Caccini und zur Hochzeit von Maria de'Medici mit Heinrich IV. von Frankreich im Jahre 1600 Peris Dramma musicale „L'Euridice" (mit einigen Musikstücken von Caccini). Wir stehen damit nicht nur am Beginn einer neuen Gattung, der Oper, sondern einer völlig neuen Art der Komposition überhaupt: der Monodie. Unter Monodie versteht man den affekthaltigen Sologesang mit akkordischer Instrumentalbegleitung (Generalbaß), der von einfacher Rezitation bis zur dramatischen Deklamation reicht. Rein kompositionstechnisch bedeutet dies, daß der linear verschlungene, polyphone Satz nun vereinfacht wird zu einer Melodie mit akkordischer, d. h. die Harmonie vertikal zusammenfassender Begleitung. Wichtiger noch ist der damit verbundene Funktionswandel. Nicht mehr die in strengen Regeln kodifizierte Lehre der Theoretiker garantiert den künstlerischen Rang, sondern Wahrheit und Deutlichkeit des Affektausdrucks in der Textdeklamation des Sologesangs. Je nach der besonderen Art der Deklamation des Textes unterscheidet man verschiedene „genere": den einfachen Rezitationsstil des „stile recitativo", den ausdrucksvolleren „stile espressivo", den dramatischen Darstellungsstil des „stile rappresentativo" und den von Monteverdi eingeführten erregten „stile concitato".

Di notturno, e caſto velo
La mia Lidia il ſen copria:
Ma la Luna in mezzo il Cielo
Dolcemente il ſen m'apria;
Ch'a mirar ſi bel teſoro
Lampeggiò di fiamme d'oro.

E vedea ſoaue, e pura
La ſua neue il petto aprire;
E ſentia di dolce cura
Nel mio petto il cor languire;
E ſalir veloce, e leue
Il mio cor tra neue, e neue.

Io miraua, e tu ferivi
Lidia mia ſoauemente
Io ſpronaua, e tu rapiui
Nel tuo ſen la viſta ardente.
Io mouea poche fauille
Tu le fiamme à mille à mille

Ne ſi viuo, ò vago aſpetto
Portò mai ſu l'Orizonte:
Ne pur quando il ſuo diletto
Rimirò ſu'l Cario monte;
Ch'a mirar coſe ſi belle
Tanti rai fur tante ſtelle.

E da quei ſoaui albori
Sfauillaua vn dolce foco;
E le grazie con gli amori
Hauean quiui vn dolce loco;
E ſe quiui il cor giungea,
Su la neue il cor m'ardea.

E ſe come il ſeno aprendo
Tante fiamme tu mouei
Sfauillar potean vedendo
Tanti lumi gli occhi miei,
Nel tuo ſen potea mirare
Marauiglie aſſai più care.

Anzi i lumi, e i lampi ſuoi
Men poſſenti, e meno ardenti
Lidia il Sol degli occhi tuoi
Fea più chiari, e più lucenti
E ſcopriua il tuo bel ſeno
Pur il lume tuo ſereno.

Ma ſi dolce ardeua il core
Ch'ogni fiamma, & ogni dardo
In quel caro ſen d'amore
Rinfreſcaua ogni ora vn guardo
E già m'era il cor ferito
A le piaghe vn dolce inuito.

Ma languia la viſta inferma
A l'aprir di tanti obbietti;
Ne potea giamai ſtar ferma
A cercar tanti diletti:
E moriro i rai meſchini
Tra duoi pomi alabaſtrini.

Giulio Caccini: „Nuove musiche“ (1601) Blatt III mit der Aria Ottava „Odi, Euterpe“

1601 erschien die erste Sammlung solcher Monodien von Giulio Caccini unter dem programmatischen Titel „Nuove musiche“ (= neuartige Kompositionen). Aus heutiger Sicht kann man sich nur schwer vorstellen, wie sich der kleine Kreis der „Camerata“ gegen

eine so tief verwurzelte, übermächtige Tradition stellen konnte, und dies mit den eher kargen Mitteln der neuen Monodie, die gegenüber dem Reichtum und der Klangfülle der Polyphonie eher als Rückschritt erscheinen mußte. Doch das überwältigend Neue bestand gerade darin, nicht mehr allein Stimmführung und Satzregeln zum Maßstab zu nehmen, sondern die affektgetönte Rede zur Darstellung der Leidenschaften (Caccini: „con affetto cantare", d. h. mit leidenschaftlichem Ausdruck singen). So entsteht eine wahrhaft paradoxe Situation: Die Verfechter des modernen monodischen Prinzips berufen sich auf die Antike (Platon) und verstehen sich als die Hüter bzw. Erneuerer des wahren Alten, während die Traditionalisten, also die Anhänger der polyphonen Messen und Motetten Palestrinas und der Kontrapunktlehre Zarlinos dagegen die Errungenschaften der Neuzeit (Polyphonie und Kontrapunkt) verteidigen.
Während die Vokalpolyphonie in der Kirchenmusik weiter gepflegt wurde, entwickeln sich die musikalischen Neuerungen der Monodie vor allem in Drama („Favola in musica") und Madrigal, also den weltlichen, literarischen Gattungen, die vornehmlich heidnische Stoffe der antiken Mythologie behandeln. Dabei wandelt sich das Madrigal, das schon im 16. Jahrhundert unter Cipriano de Rore (ca. 1515–1565), Luca Marenzio (ca. 1553–1599) und dem Fürsten Gesualdo da Venosa (ca. 1561–1613) mit Chromatik und bildhaften Figuren (Madrigalismen) dem Affektausdruck des Textes folgte, unter dem Einfluß von Monodie und Drama zum generalbaßbegleiteten Solomadrigal im stile rappresentativo. So erweitert Claudio Monteverdi sein 8. Madrigalbuch („Madrigal Guerrieri et Amorosi", 1638) um einige kleinere Werke im Darstellungsstil („alcuni opuscoli in genere rappresentativo"). Damit ist sein „Combattimento di Tancredi e Clorinda" gemeint, ein Werk, das zwischen konzertierendem Madrigal und szenischer Handlung steht. Es wurde am Fastnachtsabend 1624 im Palast eines venezianischen Patriziers szenisch aufgeführt.

M6 Claudio Monteverdi: Il Combattimento di Tancredi e Clorinda (1624)

Notte, che nel profondo oscuro seno
chiudeste e nell'oblio fatto si grande,
piacciati ch'indi il tragga e'n bel sereno
a le future età lo spieghi e mande,
Viva la fama loro; e tra lor gloria
splenda dal fosco tuo l'alta memoria.

Nacht, die du in deiner tiefen, dunklen Brust
und in Vergessenheit ein solch großes Geschehen einhülltest,
erlaube mir, es heraus und ans Tageslicht zu bringen,
es zu entfalten und es zukünftigen Generationen zu übermitteln.
Lange möge ihr Ruhm leben; und unter ihren glorreichen Taten
laß das edle Andenken an diese Nacht aus deiner Dunkelheit leuchten.

Non schivar, non parar, non pur ritrarsi
voglion costor, ne qui destrezza ha parte.
Non danno i colpi or finti, or pieni, or scarsi:
toglie l'ombra e'l furor l'uso de l'arte.
Odi le spade orribilmente urtarsi
a mezzo il ferro; e'l piè d'orma non parte:
sempre il piè fermo e la man sempre in moto,
né scende taglio in van, ne punta a voto.

Weder nachzulassen, noch auszuweichen, noch zurückzuschrecken,
versuchen sie, noch hat die Geschicklichkeit hier Raum.
Die Schläge, die sie austeilen, sind nun nicht vorgetäuscht, nun voll, nun leicht;
die Dunkelheit und ihre Wut verneinen die Anwendung von Kunst.
Höre ihre Schwerter schrecklich klirren,
halben Wegs der Klinge; aber ihre Füße geben keinen Boden frei,
ihre Füße sind fest, ihre Hände immer in Bewegung,
kein Hieb fällt vergeblich, kein Stoß ist ohne Wirkung.

L'onta irrita lo sdegno a la vendetta,
e la vendetta poi l'ontra rinova:
onde sempre al ferir, sempre a la fretta
stimol novo s'aggiunge e piaga nova.
D'or in or più si mesce e più ristretta
si fa la pugna, e spada oprar non giova:
dansi co'pomi, e infelloniti e crudi
cozzan con gli elmi insieme e con gli scudi.

Schande stachelt den Ärger zur Rache an,
und Rache erneuert das Gefühl der Schande;
so daß zu dem Wunsch, stets zu verwunden, stets zu eilen,
ein neuer Ansporn, ein neuer Grund hinzukommt.
Nun kommen sie einander näher und so dicht zusammengedrängt
ist der Kampf, daß sie nicht mit den Schwertern schlagen können:
sie holen mit den Heften aus, und ärgerlich und grausam
stoßen sie mit Helmen und Schilden zusammen.

Tre volte il cavalier la donna stringe
con le robuste braccia, e altrettante
poi da que' nodi tenaci ella si scinge,
nodi de fier nemico e non d'amante.
Tornano al ferro, e l'un e l'altro il tinge
di molto sangue: e stanco e anelante
e questi e quegli al fin pur si ritira,
e dopo lungo faticar respira.

Dreimal umfaßt sie der Ritter
mit seinen starken Armen und dreimal
entkommt sie diesen engen Umarmungen,
keinen Umarmungen eines Liebhabers, sondern eines rauhen Feindes.
Sie kehren zurück zu ihren Schwertern und beide besudeln sie diese
mit viel Blut; ermüdet und nach Luft lechzend
ziehen sich beide schließlich zurück,
um auszuruhen nach der schweren Anstrengung.

Deutsche Übersetzung
nach der Plattenhülle
zu Phil. 6500457.

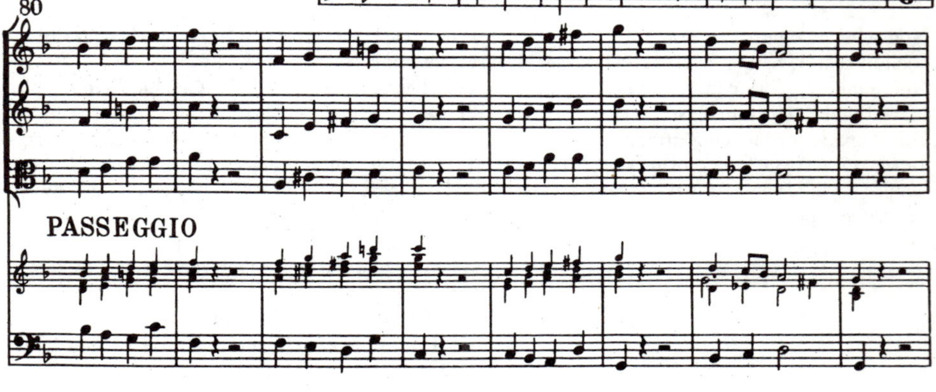

88 TESTO
Not_te che nel pro_fondo oscuro se_no chiu_de - - - - - - ste e nell'o_
(Piuttosto lento, in 4)
95 TESTO
_blio fat_to si gran_de degno d'un chia_ro Sol degno d'un pie_no Thea_tro opre sa_
102
TESTO
PASSEGGIO
_rian si memo_ran_de.
(in due, come prima)
111
TESTO
Pia_cia_ti ch'indi il trag_ga e'n bel se_re_
(Piuttosto lento)

1) Questa versione si trova nella parte del Tenore:

142
TESTO
- - ti hor pie - ni hor scar - si; to_glie l'ombra e'l furor l'u_so dell'ar_te. O_di le spa -
148
f
TESTO
- de o - di o_di le spa_de orri_bilmen - te ur_tar_si a mez - zo il
153
TESTO
fer - ro e'l piè d'orma non par - te sempre il piè fer - mo e la man

158
TESTO
sempre in mo - - to ne scen - de ta - glio in - van ne
162
TESTO
pun - ta a vo - to l'on - ta ir - ri - ta lo sdegno al - la vendet - ta al - la ven -
165
TESTO
- det - ta e la vendetta poi e la vendetta poi l'onta ri - no - va

1) Questa versione si trova nella parte del Tenore : 

1) Nelle parti staccate degli istrumenti è così:

189
TESTO
da quei no - di da quei no - di te - na - ci ella si scinge, no - di di fier
196
TESTO
ne - mi - co e non d'a - man - te tor - nano al ferro tor - nano al ferro
201
TESTO
tor - nano al fer - ro e l'un e l'al - tro il tinge di mol - to san - gue

VIII. Madrigalbuch, Venedig 1638. Zit. nach: Tutte le opere di Claudio Monteverdi, hg. von G. F. Malipiero, Bd. VIII, © 1968 by Universal Edition AG Wien.

Torquato Tasso schildert im 12. Gesang seines Epos „La Gerusalemme liberata“ den Kampf des Kreuzritters Tancred mit der Heidin Clorinda, die mit dem Sarazenenheer Jerusalem gegen die Christen verteidigt. Clorinda, die Tancred liebt, hat sich, als Mann verkleidet, aus der Stadt ins Lager der Christen geschlichen, um dort einen hölzernen Belagerungsturm der Christen zu verbrennen. Auf dem Rückweg wird sie von Tancred, der sie in ihrer Rüstung nicht erkennt, gestellt und von ihm im Zweikampf getötet. Sterbend bittet sie ihn um die Taufe. Als er ihr den Helm abbindet, erkennt er in seinem Gegner die geliebte Frau. In tiefer Verzweiflung hält er sie in seinen Armen, die als Christin getröstet stirbt.

Die dramatische Szene wird im wesentlichen vom Erzähler (testo) getragen, in dessen Bericht die beteiligten Personen Tancred und Clorinda nur gelegentlich einfallen. Eine entscheidende Rolle spielt die Instrumentalbegleitung, die fast programmatisch den Kampf darstellt, der von den beiden Sängern als Pantomime dazu dargestellt wird. Die szenischen Absichten hat Monteverdi im Vorwort erläutert: „Man läßt, nachdem einige Madrigale ohne Gebärden gesungen worden sind, plötzlich aus der Ecke des Raumes, wo die Musik gespielt werden soll, Clorinda auftreten, zu Fuß, in der Rüstung, und Trancredi auf einem Pferd; darauf beginnt der Testo zu singen. Tancredi und Clorinda sollen ihre Schritte und Gesten nach dem jeweiligen Text richten und nicht mehr und nicht weniger machen, wobei sie genau auf das Tempo der Schläge und Schritte achten müssen, und die Instrumentalisten auf die erregten und weichen Klänge, und der Erzähler darauf, daß die Worte zur richtigen Zeit gesprochen werden, so daß sich alles zu einem einheitlichen Ganzen in der Nachahmung fügt. Die Instrumente, d. h. vier Viole da braccio, Sopran, Alt, Tenor und Baß sowie ein Kontrabaß, der mit dem Cembalo zusammengeht, müssen mit ihrem Strich die Leidenschaften des Textes nachahmen, der Testo muß klar und sicher singen und eine gute Aussprache haben, da seine Worte zeitlich um einiges von der Instrumentalbegleitung abweichen, damit man den Text gut versteht; der darf keine

Verzierungen und Triller machen außer in der Strophe, die mit ‚Notte' beginnt; im übrigen soll die Aussprache sich nach den Leidenschaften des Textes richten." (Zit. nach der Übers. von S. Leopold, a. a. O., S. 244).

M7 Luca Marenzio (1553/54?–1599): Occhi dolci e soavi

Aus: Il quarto libro delle villanelle, Venedig 1592, Madrigale und Chansons, Bd. 5, Schott, Mainz.

M8 Die Anfänge des neuen rezitativischen Stils

Die Zeit des Cavalieri[1] bildete also... die erste Periode der dramatischen Musik... Aber die dramatische Musik machte dann einen bemerkenswerten Fortschritt mit der Einführung des erwähnten rezitativischen Stils. Dieser ist allgemein anerkannt und wird heute schon von vielen Musikern gehandhabt. Überall ergötzt er zweifellos mehr als die alte Madrigalenkunst, weil diese dem Sinn der Worte Abbruch tut...

Es lebte damals in Florenz Herr Giovanni Bardi aus dem Geschlecht der Grafen von Vernio (...). Bardi war ein Edelmann mit einer Menge adliger Tugenden ausgestattet, vor allem besaß er Liebe zum Altertum und zur Musik. Diese Kunst hatte er besonders studiert, ihre Theorie sowohl wie die Praxis; er komponierte für jene Zeit hervorragend geschickt. Bardis Haus war ferner der stetige Mittelpunkt der ergiebigsten Studien, gewissermaßen die Blüte einer Akademie. Hier versammelten sich oft die jungen Edelmänner, um ihre Mußezeit in künstlerischen Übungen und in gelehrten Gesprächen zu nützen. Ganz besonders unterhielten sie sich sehr häufig über musikalische Fragen und suchten sich darüber klarzuwerden, wie man die so gelobte und angesehene, aber mit andern edlen Gütern unter dem Vordringen der Barbaren seit Jahrhunderten verschwundene Musik der Alten [Griechen] wieder in Gebrauch setzen könne... Zum Bardischen Kreise gehörte damals auch Giulio Caccini aus Rom, noch ein junger Mann, aber ein meisterlicher und geistvoller Sänger. Dieser fühlte sich zu der neuen Art von Musik hingezogen, widmete sich ihr mit großem Eifer und komponierte viele Stücke mit Begleitung nur eines Instruments.[2] Das war in den meisten Fällen eine Theorbe[3].... Man kann also sagen, daß er der erste war, der ... einsah, daß die [alte] Kunst des Kontrapunkts nicht imstande ist, einem Musiker die volle Reife zu geben, wie man allgemein annimmt...

Sie [d.h. Caccini, Monteverdi und andere moderne Komponisten] haben die musikalische Kunst auf einem Hauptgebiete (be)merklich verbessert, nämlich im Ausdruck, und (haben) den Gesang zur Tonsprache erhoben.

Aus: Giovanni Battista Doni: Trattato della musica scenica, 9. Kap., hg. von A.F. Gori und G.B. Passeri, Florenz 1763: zit. nach der Übersetzung von Hermann Kretzschmar: Geschichte der Oper, Leipzig 1919, S. 15 ff.

M9 Caccinis Beschreibung leidenschaftlicher Rede in der Monodie

Zur Zeit, als die ehrwürdige Camerata des erlauchten Herrn Giovanni Bardi, des Grafen von Vernio, in Florenz blühte, wo sich nicht nur ein großer Teil des Adels, sondern auch die besten Musiker, bedeutende Männer, Dichter und Philosophen der Stadt versammelten, verkehrte auch ich dort; und ich kann sagen, daß ich bei den gelehrten Unterhaltungen mehr gelernt habe als in der über dreißigjährigen Übung im Kontrapunkt; denn diese hochgelehrten Herren ermutigten und bestärkten mich mit sehr überzeugenden Argumenten, nicht weiter der alten Schreibweise anzuhängen, die ein deutliches Verständnis des Textes verhindert, die Ausdruck und Versmaß der Worte zerstört und die dem Kontrapunkt zuliebe bald einzelne Silben dehnt und sie dann wieder verkürzt (ein Verstoß gegen

1 Emilio del Cavalieri, um 1550–1602, römischer Edelmann und Komponist, Repräsentant der (alten) römischen Schule, dessen allegorisches Spiel „Rappresentazione di anima e di corpo“ 1600 aufgeführt worden war.

2 Giulio Caccini, um 1550–1618, veröffentlichte in seiner „Nuove musiche“ die erste Sammlung monodischer Gesänge und gab in deren Vorwort (s. M9) Anweisungen über ihre Ausführung.

3 im 16.–18. Jh. gebräuchliches Baßinstrument (Erzlaute, Baßlaute) mit doppeltem Wirbelkasten und 16 Saiten (8 Griffsaiten und 8 freie Bordunsaiten).

die Dichtkunst), jedoch getreu der Art, die Plato und andere Philosophen rühmten, als sie erklärten, daß Musik nichts anderes sei als eine Rede und dann erst Rhythmus und Ton – und nicht umgekehrt – und dies mit der Absicht, daß sie den Menschen zu Herzen gehe und die wunderbaren Wirkungen hervorrufe, die alle berühmten Autoren bewunderen. Doch dies ist nicht möglich in den neuen kontrapunktischen Werken, erst recht nicht in den Solostücken mit einem oder mehreren Saiteninstrumenten, wo nicht ein einziges Wort verstanden werden kann wegen der Fülle der „passaggi“ [Läufe, Verzierungen] auf langen und kurzen Silben... Es ist also – wie ich gesagt habe – offenkundig, daß solche Musik kein anderes Vergnügen bereitet als das, welches harmonische Klänge dem Ohr bieten... So kam ich auf den Gedanken, eine Art von Musik zu schreiben, in der man gewissermaßen in Tönen sprechen kann, wobei ich eine gewisse vornehme Zurückhaltung gegenüber dem reinen Gesang bewahrte und zuweilen Durchgangsdissonanzen verwendete, während der Baß noch liegenbleibt...
Sowohl in Madrigalen als auch in Arien habe ich immer versucht, den Ausdruck der Worte nachzuahmen... Dabei habe ich soweit wie möglich die kunstvolle kontrapunktische Schreibweise zurückgestellt. Ich habe vielmehr Akkorrde bei den langen Silben gesetzt, sie aber bei kurzen weggelassen, und ich bin dem gleichen Grundsatz auch beim Anbringen von „passaggi“ gefolgt... In diesem Stil gut zu komponieren und richtig zu singen, dabei den Ausdrucksgehalt der Worte zu erfassen und dazu ihre Stimmung durch ausdrucksvolle Akkorde und leidenschaftliche Deklamation darzustellen, ist viel wirkungsvoller als jeder Kontrapunkt.

Aus: Giulio Caccini, Vorrede zur „Nuove Musiche“, Florenz 1601: Übers. vom Verf. nach der Neuausgabe von H.W. Hitchcock, Madison 1970, S. 43–56.

M 10 Monteverdis Definition des genere concitato

Ich habe in Erwägung gezogen, daß unsere Leidenschaften oder Gemütsbewegungen hauptsächlich aus drei Arten bestehen: Zorn (ira), Mäßigung (temperanza) und Demut (humiltà); wie es die besten Philosophen feststellen, und sogar die Natur unserer Stimme selbst, die mal hoch, mal tief und mal mittel ist; und wie die Musik es klar in die drei Begriffe „erregt“ (concitato), „weich“ (molle) und „gemäßigt“ (temperato) faßt; doch ich habe in keiner Komposition vergangener Zeit ein Beispiel für die erregte Art gefunden... und da ich weiß, daß es die Gegensätze sind, die besonders unser Gemüt bewegen, machte ich mich mit großem Eifer und Mühe daran, diese Art zu finden, und ich ging davon aus, daß im pyrrhischen Versmaß – also in einem schnellen – die Waffentänze standen, wie die besten Philosophen belegen, und daß im spondäischen Versmaß, einem langsamen also, die gegenteiligen Affekte; und ich begann über die Semibrevis nachzudenken und sah sie als einen Fuß des spondäischen Versmaßes an, wenn sie einmal angeschlagen wurde; wenn sie aber in 16 Sechzehntel unterteilt wurde, die alle einzeln angeschlagen wurden, und in Verbindung mit einem Text zornigen oder empörten Inhalts, hörte ich in diesem kleinen Beispiel die Ähnlichkeit mit dem Gefühlsausdruck, nach dem ich suchte, selbst wenn der Text dem Tempo des Instruments mit seiner Deklamation nicht folgte.

Aus: Claudio Monteverdi: Vorwort zum 8. Madrigalbuch „Madrigali guerreri et amorosi“, 1638; zit. nach der Übersetzung in Silke Leopold, a.a.O., S. 89/90.

Arbeitsmöglichkeiten und Anregungen

1. Musizieren Sie die 3-stg. Villanelle von Luca Marenzio (M7). Vergleichen Sie diesen Satz mit Monteverdis Madrigal (M2.2).
2. Bestimmen Sie die verschiedenen „stile" und „genere" der Textdeklamation in Monteverdis „Il combattimento di Tancredi e Clorinda" gemäß den Angaben der Theoretiker (M8–10, sowie M1 aus dem 1. Kap.).
3. Vergleichen Sie Textbehandlung und Affektdarstellung in Monteverdis „Il combattimento di Tancredi e Clorinda" mit dem Chorstück von Marenzio (M7).

Ein Streit um moderne Musik: Artusi gegen Monteverdi

Giovanni Maria Artusi (um 1540–1613) war ein führender Musiktheoretiker seiner Zeit. Als konservativ eingestellter Schüler Gioseffo Zarlinos, dessen „Le istitutioni harmoniche" (1558) die grundlegende Kontrapunktlehre seiner Zeit enthält, stand er der modernen Komposition sehr skeptisch gegenüber und war in mehrere Polemiken um die neue Kunst verwickelt. In seinen beiden Streitschriften über die Unvollkommenheiten der modernen Musik (L'Artusi overo Delle imperfettioni della moderna musica, 1. Teil 1600, 2. Teil 1603) verteidigt er Zarlinos Lehre und kritisiert die „falsche" Kompositionsweise der Modernen am Beispiel einiger Madrigale von Monteverdi, ohne zunächst dessen Namen zu nennen. Nach seinem Kunstverständnis war es einfach nicht zulässig, daß Monteverdi, wenn es der Text erfordert, eine ausdrucksstarke Dissonanz nicht regelrecht vorbereitet oder auflöst. Was wir heute als besonders kunstvolle Textausdeutung verstehen, lehnte Artusi als Regelverstoß entschieden ab, ohne einsehen zu können, daß die Intensität des Ausdrucks gerade in dem Ungewöhnlichen, in der Abweichung von der eingeschliffenen Norm liegt.

Nur zaghaft und eher widerwillig hat Monteverdi erst fünf Jahre später zu Artusis Vorwürfen Stellung genommen. Das knappe Vorwort zum 5. Madrigalbuch bleibt seine einzige persönliche Äußerung in diesem Streit. Dabei hält er dem Theoretiker, der nur Zarlinos strenge Satzregeln gelten läßt, die moderne „zweite Kompositionsart" des praktizierenden Komponisten („seconda prattica") entgegen, die sich am Textausdruck, an der leidenschaftlichen Rede orientiert. Die dabei angekündigte Schrift über die Vollkommenheit der modernen Musik („seconda prattica, overo Perfettione della Moderne Musica") hat er aber nie geschrieben; die eigentliche Antwort auf Artusi bilden seine Kompositionen: die dramatischen Werke und Madrigale im neuen Stil, die seinen Ruhm begründeten und der Praxis des neuen Stils in der Zukunft recht gaben. Aber Monteverdis Bruder Giulio Cesare hat im Nachwort zu den „Scherzi Musicali" (1607) eine ausführlichere Interpretation der „seconda prattica" geliefert, auf die dann wieder Artusi in einem zweiten Discorso (1608) unter einem Pseudonym Bezug genommen hat. So zog sich der Streit nahezu ein Jahrzehnt hin, in dem Monteverdis berühmteste Werke (die Opern „Orfeo" und „Arianna", das 5. Madrigalbuch und die „Scherzi Musicali") entstanden sind.

Der Streit zwischen Artusi und Monteverdi ist zunächst ein kunsttheoretischer, der die Gültigkeit verschiedener ästhetischer Positionen zum Gegenstand hat. Dabei geht es eigentlich nur um die Frage, ob und in welchem Umfang eine Komposition, die einen Text darstellt, Freiheiten im strengen Satz zuläßt, wenn es der Affektausdruck erfordert. Artusi sah nur den musikalischen Satz (er zitiert daher in seiner Streitschrift Monteverdis Madrigale ohne den Text), ihm ging es allein um die Einhaltung der strengen Kontra-

punktregeln, nach denen die beanstandeten Stellen tatsächlich „falsch" komponiert waren. Es handelt sich also letztlich um den Streit eines dogmatischen Kritikers mit einem Künstler, der eine neue ästhetische Idee verwirklichen möchte, die mit den Errungenschaften des vergangenen Jahrhunderts in Konflikt gerät. Dabei stellt sich Monteverdi keineswegs gegen diese Tradition; vielmehr betont er immer wieder die Kontinuität, in der seine Madrigale mit der Ausdruckskunst eines Cipriano de Rore oder Luca Marenzio, also den Meistern des Madrigals und der Vokalpolyphonie im 16. Jahrhundert, stehen.
Auch wenn der Streit zwischen Artusi, der sich auf die Autoriotät der Alten beruft, und Monteverdi, der dagegen die Ausdruckskraft seiner neuen Kunst setzt, auf einen Konflikt unterschiedlicher Standpunkte gegenüber der Textbehandlung schrumpft, so hat doch der Begriff der „seconda prattica", der in diesem Konflikt formuliert wurde, Epoche gemacht. Ursprünglich ist mit „seconda prattica" im Monteverdischen Sinne nicht ein bestimmtes Satzprinzip gemeint, sondern eine bestimmte Haltung gegenüber dem Affektgehalt des Textes und seiner Darstellung in der Musik. Allerdings sind die ästhetischen Forderungen, die daraus erwuchsen, in der Form des Madrigals und in der leidenschaftlichen Textrezitation der Monodie verwirklicht worden. So wird dann der Begriff der „seconda prattica" zum Synonom für den neuen Stil, der dem strengen kontrapunktischen Stil der Vokalpolyphonie als der „prima prattica" gegenübergestellt wird. Und das ganze 17. Jahrhundert hindurch bleibt die grundsätzliche Unterscheidung dieser beiden Stilarten wirksam: als „stile antico" und „stile nuovo" oder „moderno" (Doni); als „contrapunctus gravis" bzw. „stylus antiquus" und „contrapunctus luxurians" bzw. „stylus modernus" (Bernhard). Dabei entspricht der „stylus gravis" der zeitlosen Strenge und Würde (gravis) der Kirchenmusik, während sich der moderne „stylus luxurians" in den dramatischen und konzertanten weltlichen Formen weiterentwickelt. Die „prima prattica" wirkt aber noch weit in die folgenden Jahrhunderte nach. Vollends dem späten 18. und frühen 19. Jahrhundert, das den eigentlichen Sinn der Musik in der inneren Erbauung des Menschen sieht, wird der polyphone Kirchenstil der „prima prattica", der „reine" Stil der Vokalpolyphonie Palestrinas, zum Urbild wahrer Kunst.
Die Kontroverse zwischen Artusi und Monteverdi stellt also – losgelöst von den historischen Personen – den Gegensatz von „prima" und „seconda prattica" dar. Dieser tritt am Übergang zum 17. Jahrhundert mit dem Aufkommen des neuen Stils zutage. Doch ist er nicht gleichzusetzen mit den Begriffen Renaissance und Barock. Die Prinzipien der „prima" und „seconda prattica", die die beiden Stilepochen eher verklammern als trennen, vereinigen vielmehr wie in einem Brennpunkt den Wandel im Denken und Empfinden, der sich künstlerisch im Stilwandel zum Barock niedergeschlagen hat.

M 11 Artusis Kritik an Monteverdi

Ich wurde eingeladen, einige neue Madrigale zu hören ... im Hause von Antonio Goretti; dort traf ich ... vortreffliche Männer, und mit ihnen hatten sich viele edle und musikalisch gebildete Geister versammelt. Die Madrigale wurden ein und noch einmal gesungen; die Machart war nicht schlecht, auch wenn sie neue Regeln, neue Mittel und neuen sprachlichen Ausdruck einführte. Aber sie sind rauh und dem Ohr wenig gefällig, und sie können auch nicht anders sein, denn wenn man die guten Regeln überschreitet, die zum Teil in der Erfahrung – der Mutter aller Dinge – begründet sind, zum Teil der Natur abgelauscht und zum Teil mit Beweisführungen demonstriert, muß man annehmen, daß dann Dinge dabei herauskommen, die der Natur und der Eigentümlichkeit der eigentlichen Musik-Harmonie

L'ARTVSI
Ouero
DELLE IMPERFETTIONI
DELLA MODERNA MVSICA
Ragionamenti dui.
Ne' quali si ragiona di molte cose vtili, & necessarie alli Moderni Compositori.
DEL R. P. D. GIO. MARIA ARTVSI
DA BOLOGNA.
Canonico Regolare nella Congregatione del Saluatore.
Nouamente Stampato.

In Venetia, Appresso Giacomo Vincenti, 1600.

Titelblatt des 1. Bandes von Artusis Schrift über die Unvolkommenheit der modernen Musik, Venedig 1600

entartet sind und weit entfernt von der Aufgabe des Musikers zu erfreuen...
Ich streite nicht ab, daß die Entdeckung neuer Dinge nicht nur gut, sondern auch notwendig ist. Aber erzähle mir erst, warum du[1] diese Dissonanzen verwenden willst, wie sie [die modernen Musiker] sie verwenden. Wenn du sagst „Ich wünsche, daß sie [die Dissonanzen] klar gehört werden, aber in einer Weise, daß sie das Ohr nicht verletzen", warum verwendest du sie dann nicht in der richtigen Weise, der Vernunft gemäß, in Übereinstimmung mit dem, wie Adriano, Cipriano, Palestrina, Porta, Claudio, Gabrieli, Gastoldi, Nanino, Giovanelli[2] und so viele, viele andere in dieser Akademie komponiert haben? Haben sie es vielleicht unterlassen, dissonante Schärfe hörbar zu machen? Sieh auf Orlando di Lasso, Philippe de Monte und Giaches de Wert[3], und du wirst sie haufenweise finden. Wenn du nicht willst, daß das Ohr von ihnen [den Dissonanzen] verletzt wird, wirst du die Art, sie richtig zu gebrauchen, bei diesen Autoren finden...
Konsonanzen werden frei in den Harmonien gebraucht, im Sprung oder schrittweise, ohne Unterschied, aber Dissonanzen, indem sie gänzlich anderer Natur sind, müssen anders behandelt werden; dieser Weg wird gezeigt von Artusi in seiner „Kunst des Kontrapunkts", aber nicht auf die Weise, wie es diese neuen Meister tun...
Unsere alten [Meister] haben niemals gelehrt, daß Septimen uneingeschränkt und offen verwendet werden können..., denn sie geben einer Komposition keinen Liebreiz.

Aus: L'Artusi overo Delle imperfettioni della moderna musica, Venedig 1600; zit. nach der Übersetzung von Silke Leopold, a.a.O., S. 15/16 und Meierott/Schmitz: Materialien zur Musikgeschichte, München 1984, S. 35f.

1 Artusis Abhandlung ist nach klassischem Vorbild in Form eines Dialogs geschrieben.
2 Komponisten des polyphonen Stils im 16. Jh. in Italien: Adrian Willaert, Cipriano de Rore, Giovanni Pierluigi da Palestrina, Constanzo Porta, Claudio Merulo, Giovanni Gabrieli, Giovanni Giacomo Gastoldi, Giovanni Maria Nanino, Ruggiero Giovanelli.
3 Komponisten, die verstärkt Dissonanzen zur Ausdruckssteigerung verwenden.

M12 Claudio Monteverdis Entgegnung

STVDIOSI LETTORI.

Non vi marauigliate ch'io dia alle stampe questi Madrigali senza prima rispondere alle oppositioni, che fece l'Artusi contro alcune minime particelle d'essi, perche send'io al seruigio di questa Serenissima Altezza di Mantoa non son patrone di quel tempo che tal'hora mi bisognarebbe: e hò nondimeno scritta la risposta per far conoscere ch'io non faccio le mie cose à caso, & tosto che sia rescritta vscirà in luce portando in fronte il nome di SECONDA PRATICA, ouero PERFETTIONE DELLA MODERNA MVSICA, delche forse alcuni s'ammiraranno non credendo che vi sia altra pratica che l'insegnata dal Zerlino; ma siano sicuri, che intorno alle consonanze, & dissonanze, vi è anco vn'altra consideratione differente dalla determinata, la qual con quietanza della ragione, & del senso diffende il moderno comporre, & questo hò voluto dirui si perche questa voce SECONDA PRATICA tal'hora non fosse occupata da altri, si perche anco gli ingegnosi possino fra tanto considerare altre seconde cose intorno all'armonia, & credere che il moderno Compositore fabrica sopra li fondamenti della verità. Viuete felici.

Gelehrte Leser. Wundert Euch nicht, daß ich diese Madrigale in Druck gebe, ohne vorher auf die Einwände zu antworten, die Artusi gegen einige winzige Passagen machte, denn im Dienst des Herzogs von Mantua bin ich nicht Herr über meine Zeit, wie ich sie bisweilen brauchte. Nichtsdestoweniger habe ich diese Antwort geschrieben, um klarzustellen, daß ich meine Sachen nicht aufs Geratewohl mache, und sobald ich diese Antwort überarbeitet habe, wird sie mit dem Titel „Seconda Pratica, overo Perfettione della moderna musica" im Druck erscheinen, über den sich womöglich einige wundern werden, wenn sie glauben, daß es keine andere Kompositionsweise gibt als die von Zarlino gelehrte. Aber sie sollen versichert sein, daß es zu den Dissonanzen und Konsonanzen auch andere Überlegungen gibt als jene festgelegten, die, mit Ruhe betrachtet, die moderne Kompositionsweise verteidigen; und dieses habe ich Euch mitteilen wollen, zum einen, damit dieser Begriff „Seconda Pratica" nicht irgendwann von anderen benutzt wird, zum anderen, damit auch einfallsreiche Leute sich über andere „zweite Dinge", den musikalischen Satz betreffend, Gedanken machen und glauben können, daß der moderne Komponist durchaus auf dem Boden der Wahrheit arbeitet.

Aus: Claudio Monteverdi: Vorwort zum 5. Madrigalbuch, Venedig 1605, zit. nach der Übers. von Silke Leopold, a.a.O., S. 17/18.

M13 Giulio Cesare Monteverdis „Erklärung" zur seconda prattica

Vor einigen Monaten wurde ein Brief meines Bruders Claudio Monteverdi gedruckt und veröffentlicht. Eine gewisse Person hatte sich unter dem Pseudonym Antonio Braccini da Todi bemüht, der Welt ein nichtiges Hirngespinst vorzumachen. Aus diesem Grunde, getrieben durch die Liebe, die ich meinem Bruder entgegenbringe, und noch mehr wegen der Wahrheit, die sein Brief enthält, und weil ich sehe, daß er nur auf Taten achtet und nichts auf Worte anderer gibt, und weil ich es schließlich nicht mehr mit ansehen kann, daß seine Werke zu unrecht getadelt werden, habe ich beschlossen, auf die gegen sie erhobenen Vorwürfe zu antworten, wobei ich das, was mein Bruder in seinem Brief auf knappem Raum zusammengefaßt hat, ausführlicher erklären werde mit dem Ziel, daß jener [Braccini/Artusi] und jeder, der ihm folgt, erkennen kann, daß die Wahrheit, die er [der Brief] enthält, ganz verschieden ist von dem, was jener in seiner Schrift darlegt...

Es ist seine Absicht (in dieser Art von Musik) gewesen, es so einzurichten, daß die Sprache Herrin über die Harmonie sei und nicht deren Dienerin; und so muß sein Werk im Zusammenhang der Melodie beurteilt werden.
... sein Gegner will die moderne Musik angreifen und die alte verteidigen, die beide aber wirklich ganz verschieden voneinander sind (und zwar in der Art, die Konsonanzen und Dissonanzen zu behandeln, wie mein Bruder zeigen wird). Dieser Unterschied ist aber dem Gegner nicht bekannt... Beide Arten werden von meinem Bruder anerkannt, geachtet und geschätzt. Der alten Musik hat er den Namen prima prattica gegeben, weil sie zuerst im praktischen Gebrauch war; und die moderne Musik hat er seconda prattica genannt, weil sie die zweite im praktischen Gebrauch war. Prima prattica bezeichnet die Art, die sich der Vervollkommnung der Harmonie zuwendet, d.h. die die Harmonie nicht als beherrschte, sondern als herrschende, nicht als Dienerin, sondern als Herrin des Textes betrachtet; und diese Praxis wurde durch die begründet, die als erste Chorsätze (Gesänge) mit mehr als einer Stimme in unserer Notation komponierten, dann gefolgt und erweitert von Ockeghem, Josquin des Prés, Pierre de la Rue[1] ... u.a. und schließlich vollendet durch messer (maestro, Meister) Adriano [Willaert] ... und den hochverehrten Zarlino mit seinem äußerst klugen Lehrwerk[2].
Die seconda prattica, die zuerst in unserer Notation durch den göttlichen Cyprian de Rore[3] erneuert wurde, wie mein Bruder zeigen wird, wurde fortgesetzt und ausgeweitet ... durch Ingegneri, Jacques de Wert, Luzzasco und gleichermaßen durch Giacopo Peri und Giulio Caccini[4] und schließlich von erlauchten Geistern, die die wahre Kunst verstehen. Er [Claudio Monteverdi] versteht [unter seconda prattica] die [Kompositionsweise], die sich der Vervollkommnung der Melodie zuwendet... Aus diesem Grund hat er sie „zweite" (seconda) und nicht „neue" genannt, und er hat sie „Praxis" (prattica) und [nicht] „Theorie" genannt, weil er sie in der Art begründet sieht, wie die Konsonanzen und Dissonanzen in der Praxis behandelt werden... Mein Bruder hat dies seconda prattica genannt, d.h. den zweiten praktischen Weg.

Aus: Giulio Cesare Monteverdi: Dichiaratione della lettera stampata nel Quinto libro de suoi Madregali, im Anhang zu den „Scherzi Musicali a tre voci", Venedig 1607, GA der Werke, Bd. 10 (Übers. vom Verf.).

M 14 Die „prima prattica" in der Sicht der Romantik des frühen 19. Jahrhunderts

Die Klage der wahren Musikverständigen, daß die neuere Zeit arm an Werken für die Kirche blieb, ist nur zu gerecht. Viele haben als Ursache dieser Armut angegeben, daß die jetzigen Komponisten das tiefe Studium des Kontrapunkts, welches durchaus nötig ist, um im Kirchenstil zu schreiben, gänzlich vernachlässigten...

1 Franco-flämische (niederländische) Komponisten des 15./16. Jahrhunderts, die die Meisterschaft polyphoner Musik (Messen, Motetten) begründeten.
2 G.C. Monteverdi verweist hier auf das Standardwerk des Musiktheoretikers Gioseffo Zarlino (1517–1590) mit dem Titel „Le istitutioni harmoniche" (Die Grundlagen der Harmonie), Venedig 1558, in dem die Musiklehre seiner Zeit zusammengefaßt ist. Zarlino war Schüler Adrian Willaerts (um 1490–1562), der ebenfalls franko-flämischer Herkunft war und in Venedig als Begründer der Venezianischen Schule (Mehrchörigkeit) wirkte.
3 Franko-flämischer Komponist, Schüler Willaerts in Venedig.
4 J. Peri (1561–1633) und G. Caccini (um 1550–1618) waren Mitglieder der Camerata und gehörten somit der neuen Richtung an (vgl. M 8).

Mit Palestrina hub unstreitig die herrlichste Periode der Kirchenmusik (und also der Musik überhaupt) an, die sich beinahe zweihundert Jahre bei immer zunehmendem Reichtum in ihrer frommen Würde und Kraft erhielt, wiewohl nicht zu leugnen ist, daß schon in dem ersten Jahrhundert nach Palestrina jene hohe, unnachahmliche Einfachheit und Würde sich in eine gewisse Eleganz, um die sich die Meister bemühten, verlor...
So sind aber Palestrinas einfache, würdevolle Werke in der höchsten Kraft der Frömmigkeit und Liebe empfangen und verkünden das Göttliche mit Macht und Herrlichkeit. Auf seine Musik paßt eigentlich das, womit die Italiener das Werk manches gegen ihn seichten, ärmlichen Komponisten bezeichneten: es ist wahrhafte Musik aus der anderen Welt. Der Gesang der einzelnen Stimmen erinnert an den Canto fermo; selten überschreiten sie den Umfang einer Sexte, und niemals kommt ein Intervall vor, das schwer zu treffen sein oder, wie man zu sagen pflegt, nicht in der Kehle liegen sollte. Es versteht sich, daß Palestrina, nach damaliger Sitte, bloß für Singstimmen, ohne Begleitung irgendeines Instruments schrieb: denn unmittelbar aus der Brust des Menschen, ohne alles Medium, ohne alle fremdartige Beimischung sollte das Lob des Höchsten, Heiligsten strömen.
Die Folge konsonierender, vollkommener Dreiklänge, vorzüglich in den Molltönen, ist uns jetzt in unserer Verweichlichung so fremd geworden, daß mancher, dessen Gemüt dem Heiligen ganz verschlossen, darin nur die Unbehilflichkeit der technischen Struktur erblickt... In Palestrinas Musik trifft jeder Akkord den Zuhörer mit der ganzen Gewalt, und die künstlichsten Modulationen werden nie so, wie eben jene kühnen, gewaltigen, wie blendende Strahlen hereinbrechenden Akkorde, auf das Gemüt zu wirken vermögen. – Palestrina ist einfach, wahrhaft, kindlich, fromm, stark und mächtig – echtchristlich in seinen Werken, wie in der Malerei Pietro von Cortona und unser Albrecht Dürer; sein Komponieren war Religionsübung.

Aus: Ernst Theodor Amadeus Hoffmann: Alte und neue Kirchenmusik (1814), in: Musikalische Novellen und Schriften, München o. J., S. 118/122f.

M 15 Die Stiltheorie des 17. Jahrhunderts in gegenwärtiger Sicht

Die Monodie um 1600 bedeutete, ähnlich wie später Glucks Opernreform oder Wagners Konzeption des musikalischen Dramas, eine Revolution durch Rückkehr zum „alten Wahren“. Die Partei der „antiqui“, die griechischen Vorbildern nacheiferte, wurde durch Monteverdi und die Komponisten der Florentiner Camerata, die Partei der „moderni“, die am Vorrang der Neuzeit, also des Kontrapunkts, gegenüber dem Altertum und der Monodie festhielt, durch die Anhänger Palestrinas repräsentiert. So verwirrend die Terminologie sein mag: In der musikalischen „Querelle des anciens et des modernes“ ist die „prima prattica“ Sache der „moderni“, die „seconda prattica“ Sache der „antiqui“. Die Vokalpolyphonie aber war primär ein Stil der Kirchenmusik, die Monodie ein Stil des Dramas und des Madrigals, der literarischen Gattungen, die zu heidnisch-arkadischen Sujets neigten. Die Begriffsassoziationen bildeten demnach ein dichtes Netz, geradezu ein ästhetisch-geschichtsphilosophisches System: Das „moderne“, christliche Zeitalter dokumentiert sich in der „prima prattica“, dem Kontrapunkt Palestrinas, während die „seconda prattica“ als Nachahmung der Antike – einer mehr geträumten als realen Antike – einen monodischen Stil ausprägte, der für heidnisch-pastorale Dichtungen adäquat erschien. Und mit der Darstellung von „Leidenschaften“, die das Ziel der modernen Gattungen, des musikalischen Dramas und des monodischen Madrigals, war, kontrastierte die „Andacht“, zu der die Vokalpolyphonie den Hörer stimmen sollte.

Aus: Carl Dahlhaus: Die Idee der absoluten Musik, Kassel 1978, S. 51.

Nisi Dominus

Salmo 126 per coro a 10 e orchestra

* ovvero Trombe & Oboi

Audi caelum

Concerto per 2 voci sole in eco, coro a 6 e orchestra

* ovvero Clavicembalo

Aus: Claudio Monteverdi: Vespro della Beata Vergine ... © 1957 by Universal Edition (London) Ltd.

Arbeitsmöglichkeiten und Anregungen

1. Stellen Sie die Merkmale der „prima" und „seconda prattica" einander gegenüber.
2. Weisen Sie Merkmale der „prima" und „seconda prattica" in Monteverdis Marienvesper (M16) nach. Erörtern Sie deren Wirkung und Funktion in dieser Komposition.
3. Vergleichen Sie den Streit Artusi – Monteverdi mit musikästhetischen Positionen und Kontroversen im 20. Jahrhundert.
4. Verfolgen Sie die Wirkung der „prima prattica" als „reiner" Satz im 18. und 19. Jahrhundert.
5. Nehmen Sie zum Problem der Spannung zwischen Kunsttheorie und Kompositionspraxis Stellung. Folgt die Theorie der Praxis oder die Praxis der Theorie? Welchen Einfluß haben ästhetische Positionen einer Zeit auf die Freiheit der musikalischen Entscheidung der Komponisten?

Lehrzeit in Italien: Heinrich Schütz

Der neue Stil der Monodie, d.h. des rezitativisch deklamierenden Gesangsstils über einer akkordischen Instrumentalbegleitung entstand in Italien und hat sich von dort ausgebreitet. So kann man verstehen, daß der junge Student der Rechte Heinrich Schütz (1585–1672) begeistert dem Vorschlag seines ehemaligen Gönners, des Landgrafen Moritz von Hessen, folgte, der ihm ein Stipendium nach Italien anbot, um sich dort bei dem berühmten Giovanni Gabrieli im neuen italienischen Stil zu üben.

„Weil dero Zeit in Italia, zwar ein hochberühmbter, aber doch zimlich alter Musicus undt Componist noch am leben were, So solte Ich nicht verabseumen, denselbigen auch zu hören, undt etwas von Ihm zu ergreiffen, undt liessen hochgedachte Ihre Fürstlichen Gnaden, zu Vollestreckung solcher Reise, mir zugleich ein Stipendium von 200 thlrn Jährlichen anpraesentiren, welchen Vorschlag dann (: als ein Junger, und die Weld zu durchsehen auch begieriger Mensch:) Ich zu unterthänigem Danck, gantz willigst annam, und darauff Ao. 1609 [vermutlich 1608!], gleichsamb wieder meiner Eltern Willen, nacher Venedig fortzoge.“[1]

So verbrachte Schütz vier Jahre, vermutlich von 1608 bis zum Tode Gabrielis 1612, als dessen Schüler in Venedig. Das „Gesellenstück“ dieser Lehrzeit bilden seine „Italienischen Madrigale“, die er 1611 als op. 1 in Venedig drucken ließ. In dem „Memorial“ bemerkt er dazu,

„das nach dreyen Jahren (: undt Ein jahr zuvohr ehe Ich aus Italia wieder zurückgereiset:) Ich mein Erstes Musicalisches Wercklein, in Italianischer sprache, mit sonderbahren lobe, der damahls fürnembsten Musicorum zu Venedig, daselbst habe drücken lassen, und von daraus Herrn Landgraff Moritzen (: deme Ichs auch zu unterthäniger Dancksagung Dedicirt:) zugeschickt habe.“[2]

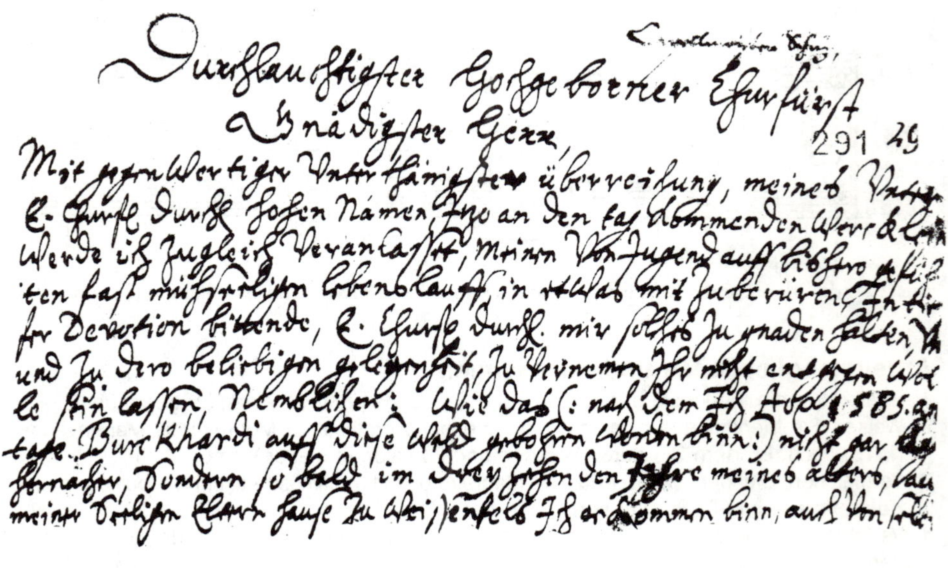
Durchlauchtigster Hochgeborner Churfürst
Gnädigster Herr
291 49

1 Memorial 1651 an den Kurfürst Johann Georg I. von Sachsen, in: Heinrich Schütz. Gesammelte Briefe und Schriften, Regensburg 1931, S. 209; hier nach der Faksimile-Ausgabe, Leipzig 1972, S. 16f.

2 Ebd. S. 17.

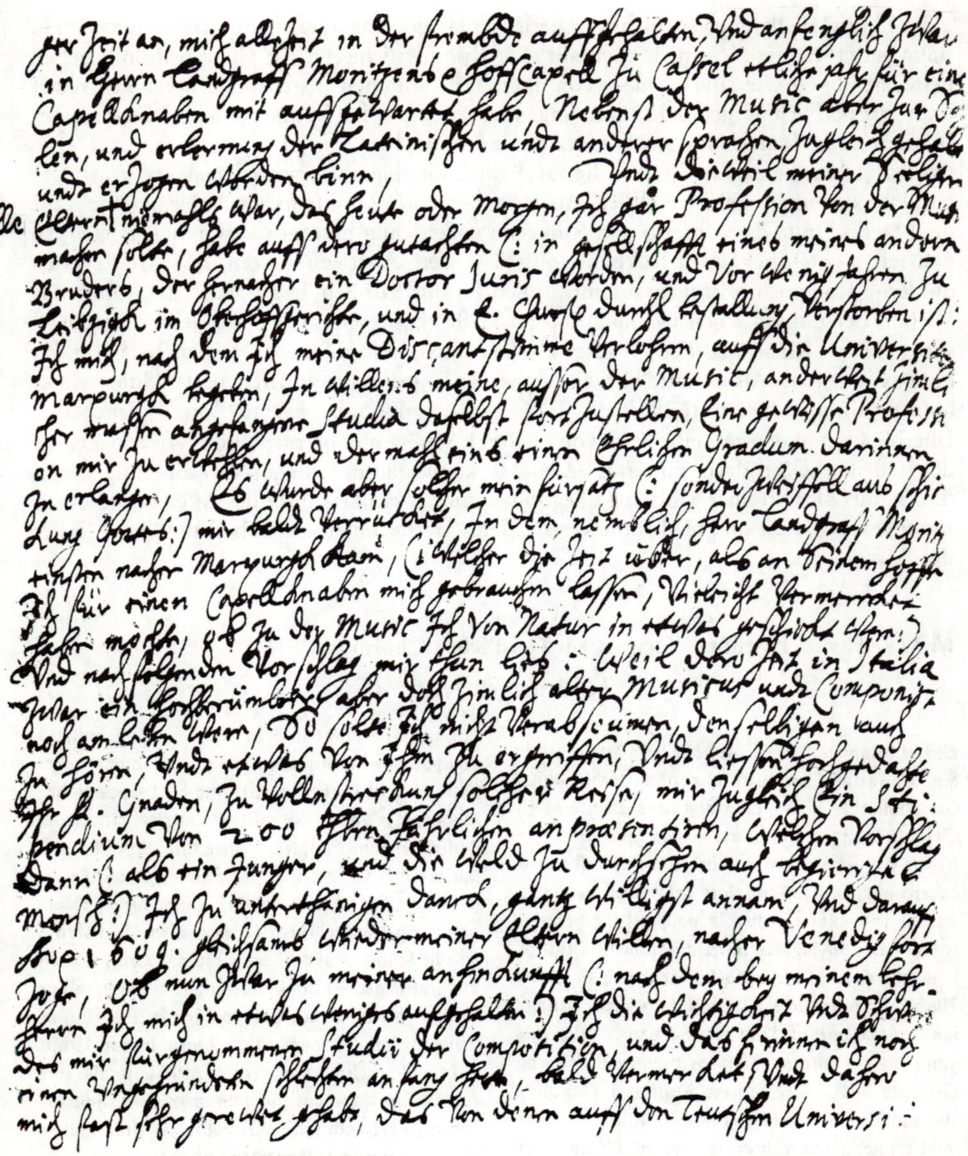

Heinrich Schütz: Faksimile des Memorial 1651 an den Kurfürst Georg I. von Sachsen

Diese Madrigale lassen in ihrer textbezogenen Expressivität bereits den neuen Stil erkennen, sind aber in ihrer generalbaßfreien fünfstimmigen Polyphonie auch noch alter Stiltradition verpflichtet. Den Grund hierfür hat er selber im Vorwort zu seiner „Geistlichen Chormusik" (1648) gegeben (M17).

Bei seinem zweiten Italienaufenthalt 1628/29 ist Schütz in Venedig wahrscheinlich auch mit Monteverdi zusammengetroffen. Dieser dürfte ihn vor allem in den dramatischen Deklamationsstil eingeführt haben. An den sächsischen Gesandten Friedrich Lebzelter schreibt Schütz am 6.2.1633:

„Der H.[err] wolle auch … nicht ohnberichtet lassen, was massen auf meiner jüngsten in' Italia gethanen reise ich mich noch auf eine absonderliche Art der Composition begeben hette, nemblich wie eine Comedi von allerhandt Stimmen in redenden Stylo übersetzet undt auf den Schaw gebracht undt singende agiret werden könne, welche Dinge meines Wissens … in Teutschland noch gantz ohnbekandt.“[1]
Ob Schütz zu dieser Zeit in Venedig tatsächlich an einem dramatischen Werk gearbeitet hat, läßt sich nicht mehr feststellen. Auch die bereits 1627 aufgeführte Oper „Dafne“, für die Martin Opitz das Libretto von Rinuccini eingerichtet hatte, ist verloren gegangen, so daß wir nichts über deren Deklamationsstil wissen. Aber wir wissen, daß Monteverdis moderne Kompositionsart insgesamt großen Einfluß auf Schütz ausgeübt hat. Ohne das Vorbild der monodischen Deklamation im „stile rappresentativo“ und „stile concitato“ sind Schütz' „Kleine geistliche Konzerte“ (Leipzig 1636 [op. 8] und Dresden 1639 [op. 9]) kaum vorstellbar. Als unmittelbare Frucht seiner Begegnung mit den neuesten Stilentwicklungen in Italien ließ er 1629 den 1. Teil seiner „Symphoniae Sacrae“ [op. 6] drucken.
Überblickt man das gesamte Werk von Heinrich Schütz und betrachtet die Wirkungen, die der italienische Stil darin hinterlassen hat, so kann man mit einiger Vergröberung sagen, daß Schütz als extremer Modernist begonnen und als ein Bewahrer des Alten geendet hat. In seinem Schaffen sind beide Stile vereint. Dies macht ihn zu einem bedeutenden Meister des Barock.

M17 Heinrich Schütz' Vorwort zur Geistlichen Chormusik

Günstiger Leser:

ES ist bekand und am Tage / das nach dem der über den Bassum Continuum concertirende Stylus Compositionis, aus Italia auch uns Deutschen zu Gesichte kommen und in die Hände gerathen / derselbige gar sehr von uns beliebet worden ist / und dahero auch mehr Nachfolger bekommen hat / als vorhin kein anderer iemahls mag gehabt haben / davon dann die bißhero unterschiedliche in Deutschland hin und wieder ausgelassene / und in denen Buchläden befindliche Musicalische Opera, genugsam Zeugnüß geben. Nun tadele ich zwar solch Beginnen keines weges; Sondern vermercke vielmehr hierunter auch unter unserer Deutschen Nation / allerhand zu der Profession der Music wohlgeschickte und geneigte Ingenia, denen ich auch ihr Lob gerne gönne / und selbst zugeben willig bin: Weil es aber gleichwohl an dem / auch bey allen in guten Schulen erzogenen Musicis auser zweifel ist / daß in dem schweresten Studio Contrapuncti niemand andere Arten der Composition in guter Ordnung angehen / und dieselbigen gebührlich handeln oder tractiren könne / er habe sich dann vorhero in dem Stylo ohne den Bassum Continuum genugsam geübet / und darneben die zu einer Regulirten Composition[1] nothwendige Requisita wohl eingeholet / als da (unter andern) sind die Dispositiones Modorum;[2] Fugae Simplices, mixtae, inversae;[3] Contrapunctum duplex:[4] Differentia Styli in arte Musicâ diversi:[5] Modulatio Vocum:[6] Connexio subiectorum,[7] &c. Vnd dergleichen Dinge mehr; Worvon die gelehrten Theorici weitleufftig schreiben / und in Scholâ Practicâ die Studiosi Contrapuncti mit lebendiger Stimme unterrichtet werden; Ohne welche / bey erfahrnen Componisten ja keine eintzige Composition (ob auch solche denen in der Music nicht recht gelehrten Ohren / gleichsam als eine Himmlische Harmoni fürkommen möchte) nicht bestehen / oder doch nicht viel höher als einer tauben Nuß werth geschätzet werden kan / ꝛc.
Als bin ich hierdurch veranlasset worden dergleichen Wercklein ohne Bassum Continuum auch einsten wieder anzugehen / und hiedurch vielleicht etliche / insonderheit aber theils der angehenden Deutschen Componisten anzufrischen / das / ehe Sie zu dem concertirenden Stylo schreitten / Sie vorher diese harte Nuß (als worinnen der rechte Kern / und das rechte Fundament eines guten Contrapuncts

1 Heinrich Schütz: Gesammelte Briefe und Schriften, Regensburg 1931, Nr. 41, S. 125 f.

zusuchen ist) auffbeissen / und darinnen ihre erste Proba ablegen möchten: Allermassen dann auch in Italien / als auff der rechten Musicalischen hohen Schule (als in meiner Jugend ich erstmahls meine Fundamenta in dieser Profession zulegen angefangen) der Gebrauch gewesen / das die Anfahenden iedesmahl derogleichen Geist- oder Weltlich Werck-lein / ohne den Bassum Continuum, zu erst recht ausgearbeitet / und also von sich gelassen haben[8]/ wie denn daselbsten solche gute Ordnung vermuthlichen noch in acht genommen wird. Welche meine zum Auffnehmen der Music / auch Vermehrung unserer Nation Ruhm / wohlgemeinte Erinnerung dann / ein iedweder im besten / und zu niemands Verkleinerung gemeinet / von mir vermercken wolle.

Es ist aber mit Stillschweigen ferner nicht zuübergehen / das auch dieser Stylus der Kirchen-Music ohne den Bassum Continuum (welche mir dahero Geistliche Chor-Music zu tituliren beliebet hat) nicht allezeit einerley ist / sondern das etliche solcher Compositionen eigentlich zum Pulpet / oder zu einem / beydes mit Vocal- und Instrumental-Stimmen besetzten vollen Chore gemeinet / theils aber derogestalt auffgesetzet seyn / das mit besserm Effect die Partheyen nicht dupliret, Tripliciret, &c. Sondern in Vocal- und Instrumental- Partheyen vertheilet / und auff solche Weise mit gutem Effect in die Orgel auch wohl gar per Choros (wann es eine Composition von Acht / Zwölff oder mehr Stimmen ist) Musiciret werden können. Von welcher beyderley Gattung dann auch im gegenwärtigen meinem mit wenig Stimmen vor dißmahl nur heraus gegebenen Wercklein (und bevorab unter den Hintersten / bey welchen ich dahero auch den Text nicht habe unterlegen lassen) anzutreffen seyn; Gestalt der verständige Musicus in etlichen vorhergehenden dergleichen selbsten wohl vermercken / und dahero mit dero Anstellung gebührlich zuverfahren wissen wird.

Worbey ich dann zugleich hiermit offentlich protestiret und gebethen haben will / das niemand / was ietzo gedacht worden / dahin ziehen wolle / als ob dieses oder eintziges meiner ausgelassenen Musicalischen Wercke ich iemand zur Information oder gewissen Modell vorstellen und recommendiren wolte / (deren Wenigkeit ich dann selbst gerne gestehe.) besondern will ich vielmehr alle und iede / an die von allen vornehmsten Componisten gleichsam Canonisirte Italianische und andere / Alte und Newe Classicos Autores hiermit gewiesen haben / als deren fürtreffliche und unvergleichliche Opera denen ienigen / die solche absetzen und mit Fleiß sich darinnen umbsehen werden; In einem und dem andern Stylo als ein helles Liecht fürleuchten / und auff den rechten Weg zu dem Studio Contrapuncti anführen können. Wie dann über dieses ich noch der Hoffnung lebe / auch allbereit hievon in etwas Nachrichtung habe / das ein / mir wohlbekandter / so wohl in Theoriâ als Praxi hocherfahrner Musicus / hiernechst dergleichen Tractat[9] an das Tage-Liecht werde kommen lassen / der hierzu / insonderheit uns Deutschen auch sehr zuträglich und nutzbar wird seyn können: Welches / das es erfolgen möge / dem allgemeinen Studio Musico zum besten / ich mit Fleiß zu sollicitirn dann nicht unterlassen will.

Endlich: Da auch iemand von den Organisten etwa in dieses mein ohne Bassum Continuum eigentlich auffgesetztes Wercklein / wohl und genaw mit einzuschlagen Beliebung haben / und solches in die Tabulatur oder Partitur abzusetzen sich nicht verdriessen lassen wird: lebe ich der Hoffnung / daß der hierauff gewandte Fleiß und Bemühung ihn nicht allein nicht gerewen / sondern auch diese Art der Music desto mehr ihren gewüntschten Effect erreichen werde.

GOtt mit uns sampt und sonders in Gnaden!

Author.

1 Regulirte Composition: die durch Kontrapunkt-Regeln „regulierte“ Schreibweise.
2 Richtige Anordnung der modi (Tonarten).
3 Einfache und gemischte Fugen, Doppelfugen (mit 2 Themen).
4 Doppelter Kontrapunkt; eine besondere Kunstfertigkeit, bei der Melodie und Kontrapunkt (Subject und Contrasubject) vertauscht werden können.
5 Unterscheidung der verschiedenen Stile (Schreibweisen) in der Musik.
6 Die rechte Singweise.
7 Zusammenhang der Themen.
8 Damit sind die Italienischen Madrigale op. 1, Venedig 1611, gemeint, die während des Studiums bei Gabrieli entstanden sind.
9 Christoph Bernhard: Tractatus compositionis augmentatus, in: Josef Müller-Blattau: Die Kompositionslehre Heinrich Schützens in der Fassung seines Schülers Christoph Bernhard, Kassel 1963.

M18 Heinrich Schütz: Fili mi, Absalon

12
Trombone I
Trombone II
Trombone III
Trombone IV
18
24

31
37
43
Basso
Fi - li mi, fi - li mi, fi - li mi, fi - li mi, Ab - sa - lon,
Ach, mein Sohn, ach, mein Sohn, ach, mein Sohn, ach, mein Sohn Ab - sa - lon,

49
fi - li mi, fi - li mi, fi - li mi, Ab - sa - lon,
ach, mein Sohn, ach, mein Sohn, ach, mein Sohn Ab - sa - lon,
54 Trombone I
Trombone II
Trombone III
Trombone IV
Basso
Ab - sa - lon, Ab - sa - lon, fi - - - li mi,
Ab - sa - lon, Ab - sa - lon, ach, mein Sohn
61
Ab - sa - lon, Ab - sa - lon, Ab - sa - lon, fi -
Ab - sa - lon, Ab - sa - lon, Ab - sa - lon, mein

Aus den Symphoniae sacrae I (1629), BA 3667, Bärenreiter-Verlag, Kassel und Basel.

Arbeitsmöglichkeiten und Anregungen

1. Untersuchen Sie Textdeklamation und Textausdruck in dem Vokalkonzert „Fili mi Absalon“ von Heinrich Schütz (M18).
2. Stellen Sie Schütz’ Äußerungen über den italienischen konzertierenden „Stylus compositionis“ denen über den „Stylus der Kirchen-Music“ gegenüber (M17) und vergleichen Sie diese mit Merkmalen der „prima“ und „seconda prattica“.
3. Informieren Sie sich (in Lexika oder einer Musikgeschichte) über Heinrich Schütz als Repräsentanten des Frühbarock. Hören und beurteilen Sie Chorwerke von Schütz unter dem Aspekt des Stilwandels. Welche Elemente des neuen Stils kennzeichnen seine Schreibweise?
4. Verfolgen Sie das konzertierende Prinzip als Stilmerkmal des Barock z. B. in Concerti grossi, Solokonzerten, in Chören und Arien von Oratorien, Passionen, Kantaten.

Stil als Material

Ein altes Problem: Tradition oder Restauration

Die Rathäuser mancher Großstädte sind, obwohl sie aus dem 19. Jahrhundert stammen, im (neo)gotischen Stil erbaut. Strebepfeiler und Maßwerk, Fensterbögen und Giebel dienten den Architekten als konstruktive Elemente, die sie – wie anderes Material – zum Bauen verwendeten. Das 19. Jahrhundert ist durch den aufkommenden Historismus gekennzeichnet, der in der Kunst zu einer bewußten Rückwendung zu alten Stilformen führte. Dabei müssen wir aber unterscheiden, ob alte Stile durch Rekonstruktion wieder belebt oder als Fortsetzung einer Tradition weitergeführt und erneuert werden sollten. Erich Doflein hat dieses Problem des Historismus an einem lokalen Beispiel anschaulich gemacht:

„Am Westabhang des Schwarzwalds standen im Mittelalter zwei romanische Kirchen: St. Trudpert im Münstertal war schon im 15. Jahrhundert zum erstenmal durch einen gotischen Neubau ersetzt worden. Dieses Bauwerk wurde 1632 zum größten Teil zerstört. Im Auftrag der Stiftsherrn errichtete an seiner Stelle Peter Thumb 1715–1722 im Stil dieser Zeit den heute berühmten Barockbau. Das Kloster Tennenbach wurde 1807 säkularisiert; die romanische Kirche war erhalten geblieben; der badische Großherzog ließ die Kirche abtragen und mit ihren Steinen und Rundbogen in Freiburg im Jahre 1829 die Ludwigskirche errichten, wobei ein Bau in kühlem und willkürlichem romanischen Stil entstand. Etwa hundert Jahre stehen zwischen diesen zwei verschiedenen Arten des Verhaltens zur Vergangenheit. Die Bauherren von St. Trudpert stellten die Kunst ihrer Zeit in den Dienst des alten Kultus und der Kontinuität. Der badische Großherzog ermöglichte neuen Kultus und Kontinuität durch Mittel eines historischen Stils... Die Errichtung dieser Kirche aus dem schon behauenen Stein der Geschichte ist in der Baukunst ein sinnfälliges und extremes Beispiel für ‚Historismus'."[1]

Wenn dann im ausgehenden 19. Jahrhundert auch Bahnhofshallen, Banken und Rathäuser im Stil gotischer Kathedralen gebaut wurden, so drückt sich darin zunächst das Bestreben aus, der neuen Funktion repräsentativer öffentlicher Gebäude etwas von der Würde des Überlieferten, von dem beständigen Wert des Alten zu verleihen.

Was uns aus der Architektur vertraut ist, ist auch der Musik nicht fremd. Zu allen Zeiten haben Komponisten gelegentlich auf frühere Stilformen zurückgegriffen. Allerdings hat sich die ästhetische Bewertung solcher Verfahren, also die Frage, inwieweit sie dem Kunstcharakter dienen oder zuwiderlaufen, geändert. Wenn man heute ein Werk (z. B. ein Solokonzert) ganz im barocken Stil schriebe, würde man verstört fragen, ob solch epigonale Musik neben authentischer Barockmusik überhaupt noch eine Berechtigung habe. Originalität und Authentizität sind in unserem Jahrhundert wichtige Kunstkriterien geworden. Wenn dagegen Mozart in der „Zauberflöte" zur Charakterisierung der Personen und Situationen verschiedene Stilformen wählt (den Stil der opera seria für die Königin der Nacht; den strengen kontrapunktischen Stil für die Geharnischten; die opera buffa für Monostatos; Singspielelemente für Papagena und Papageno; Elemente der durch Gluck reformierten tragédie lyrique für Sarastro), so mindert dies keineswegs den Kunstwert

1 Erich Doflein: Die Ausbreitung des Historismus in der Musik, Regensburg 1969, S. 9.

seiner Oper. Denn das 17. und das 18. Jahrhundert kannten noch nicht den Originalitätsanspruch, wonach ein Kunstwerk durch Neuartigkeit und Einmaligkeit der Erfindung ausgezeichnet zu sein habe. Erst im Laufe des 19. Jahrhunderts bildete sich dann eine Originalitätsästhetik aus, die mit dem Historismus in Konflikt geraten mußte.
Kennzeichen für den Historismus war es, daß man sich an der Idee des „Klassischen" orientierte (wobei „klassisch" hier einen Wertbegriff darstellt und ganz Verschiedenes meint: in der Kammermusik galten die Sonaten Beethovens als „klassische" Muster, in der Kirchenmusik dagegen die vokale Polyphonie Palestrinas). Wesentlich für den Kunstcharakter erschienen dabei nicht so sehr Originalität und Individualität, sondern wichtig war, daß die klassischen Regeln eingehalten wurden. Der ästhetische Rang einer Komposition wurde also in einer durch Regeln kodifizierten Schreibweise gesehen, die man durchaus nachahmen konnte. Entscheidend war die Bewahrung des vom Werk ablösbaren Stils. Mit der Betonung der *Tradition,* also der Pflege eines ununterbrochenen, lebendigen Zusammenhangs mit der Musik der Vergangenheit, geht so auch eine Tendenz zur *Restauration* einher, also zur Bewahrung des Vergangenen, dessen lebendiger Zusammenhang mit der Gegenwart bereits abgerissen ist.
Großen Einfluß auf das Musikverständnis der Zeit gewann der Heidelberger Rechtsgelehrte Justus Thibaut (1772–1840), der sich in öffentlichen und privaten Aufführungen für die Pflege der alten Musik einsetzte, in der er das Wesen wahrer, reiner Kunst sah. In seiner Schrift „Über Reinheit der Tonkunst" (1825) lieferte er die ästhetische Rechtfertigung für seine Rückwendung. Dies macht sein Buch zu einem Dokument für den musikalischen Historismus (M2).
So bestimmen zwei entgegengesetzt verlaufende Strömungen das 19. Jahrhundert. Restaurative Tendenzen stehen neben der allmählichen Ausbildung einer Originalitätsästhetik, die allzu freizügigen Anleihen bei älterer Musik Grenzen setzt, die man nicht überschreiten darf, ohne den Kunstanspruch eines Werkes zu gefährden. So ist mit Louis Spohrs (1784–1859) Versuch einer „Historischen Sinfonie im Stil und Geschmack vier verschiedener Zeitabschnitte" (1840) ein Grenzfall erreicht, der aber ein für die Zeit typisches Geschichts- und Kunstverständnis spiegelt (M1).

PALESTRINA.

Ueber
Reinheit der Tonkunst.
Von
Ant. Friedr. Just. Thibaut.
Dritte vermehrte Ausgabe.
Mit einem Vorwort
von
Ministerialrath Dr. K. Bähr.
Heidelberg.
Akademische Verlagshandlung von J. C. B. Mohr.
1851.

Titelblatt der Originalausgabe „Über Reinheit der Tonkunst" von Justus Thibaut, Heidelberg 1825

M1 **Louis Spohr: 6. Sinfonie G-Dur, op. 116**
„Historische Symphonie im Styl und Geschmack vier verschiedener Zeitabschnitte" (1840). Für Klavier zu 4 Händen eingerichtet von Carl Czerny, Mechetti Wien.

Mit freundlicher Genehmigung der Gesellschaft der Musikfreunde, Wien.

M2 Musikalischer Historismus

1. Ueber ächte Kirchenmusik.

Die ächte Kirchenmusik hat zwey Hauptperioden gehabt, und zwar die erste in den nächsten fünf Jahrhunderten nach Christus, wo man noch die griechischen Tonarten gehörig kannte, und durch religiöse Begeisterung ganz zur ächten Kirchenmusik geführt ward; und dann die zweyte im 15ten und 16ten Jahrhunderte, als nach einer langen geistigen Ruhe das Genie von allen Seiten mächtig erwachte,

...

Der größte Meister der zweiten Periode ist der Italiäner Palestrina (nach seinem Geburtsorte Präneste auch *Praenestinus* genannt). Man pflegt den eigentlichen Kirchenstyl nach ihm den Palestrina-Styl zu nennen, obgleich vor und neben ihm auch Andre in demselben Styl componirten, z. B. der Deutsche Senfel, der Spanier Morales, der Flamänder Orlando di Lasso, und andre herrliche Meister. Auch in den ersten 150 Jahren nach Palestrina ward in Italien noch viel in jenem Styl componirt, selbst von Meistern, welche zugleich im Fach der belebten Musik arbeiteten, wie z. B. von A. Lotti in Venedig, den selbst unser brausender, tadelsüchtiger Hasse den Himmlischen nannte, von Durante, und A. Scarlatti. Allmählig gesellte sich aber der weltliche, wilde, gemeine Styl hinzu, griff immer weiter um sich, und bekam am Ende fast ganz die Oberhand, so daß unsre Virtuosen, Componisten und Organisten in der Regel nicht einmal die Namen der großen alten Meister kennen. Selbst in Italien ist dieß jetzt der Fall.

3. Ueber das Studium älterer Werke.

Wer die Musik historisch studiert, und sich so zu den bessern Werken erhebt, der wird, wenn er Sinn für das Geniale und Veredelte hat, den älteren Meistern in der Regel den Vorzug geben müssen. Unsern Modeleuten mißfällt zwar diese sogenannte Einseitigkeit ungemein. Die Cultur steigt ja immer, also ist es Pflicht mit dem Geist der Zeit fortzuschreiten. Man ist des Alten müde geworden, und bedarf der auffrischenden Neuheiten. Auch ist ja das Alte steif, monoton, und vielfach pedantisch, daher der gelehrte Forkel frey bekannt hat, daß von Händels Arien jetzt keine einzige mehr genießbar sey.

Dagegen läßt sich aber einfach dieß sagen. Ihr verachtet gewöhnlich das Alte, weil ihr nichts davon kennt, und der gute Forkel, welcher durch sein Genie nicht gedrückt ward, und sich bloß zu der Einseitigkeit erheben konnte, fast nur S. Bach als den rechten Meister anzuerkennen, hat hier keine entscheidende Stimme, am wenigsten gegen Händel, den er offenbar nicht mit Liebe gründlich studierte, und dem er auch nicht gewachsen war. Von dem Publico könnt ihr auf allen Fall nicht sagen, daß es, durch das Alte ermüdet, des Neuen bedürfe. Denn von dem Alten hat es fast nirgend etwas gehört.

Aus: Justus Thibaut: Über Reinheit der Tonkunst, Heidelberg 1825, S. 7–9, 36–37.

Arbeitsmöglichkeiten und Anregungen

1. Bestimmen Sie die typischen Merkmale, die in den vier Sätzen der Sinfonie von Spohr die vier Zeitabschnitte charakterisieren.
2. Diskutieren Sie Spohrs Experiment mit der „Historischen Sinfonie« im Spannungsfeld von Tradition und Restauration.
3. Beschreiben und erörtern Sie die Haltung des Historismus, wie sie von Justus Thibaut formuliert wird (M2).
4. Informieren Sie sich über die Bedeutung des Historismus in Kunst, Architektur, Geistesgeschichte und Musikgeschichte.

Der Neoklassizismus der Jahrhundertwende stellt uns noch einmal vor die Frage nach Tradition oder Restauration. Auch hier greifen Komponisten auf frühere Epochen der Musikgeschichte, insbesondere auf die Barockmusik (Neobarock) zurück, die sie aber nicht einfach imitieren, sondern als Modell aufgreifen und verändern. Während aber historistische Bestrebungen im 19. Jahrhundert entschieden an die Tradition des Kunstwerks anknüpfen, markiert der Neoklassizismus gerade den Traditionsbruch. Hermann Danuser hat zwei verschiedene Spielarten des Neoklassizismus unterschieden je nachdem, welche Funktion die historischen Modelle erfüllen.
„Zur Erkenntnis des Neoklassizismus ist es freilich unabdingbar, zwischen verschiedenen Modellfunktionen der früheren Musik für die zeitgenössische Komposition zu unterscheiden, insbesondere zwischen einem ‚substantialistischen' und einem ‚formalistischen' Neoklassizismus, wofür der deutsche Neobarock bzw. Strawinskij einstehen können. Der Neobarock erhielt einen restaurativen Anstrich dadurch, daß sein antiromantischer Impuls die Musik einer begrenzten Epoche, des 17. und frühen 18. Jahrhunderts, substantialistisch verklärte und daraus Stil- und Gattungsmodelle für die zeitgenössische Musikpraxis abzuleiten suchte. Für ihn war der romantische Historismus... eine wichtige Voraussetzung. Der ‚formalistische' Neoklassizismus hingegen sah, auch wenn Rückgriffe auf das 18. Jahrhundert zunächst überwogen, in keiner vergangenen Epoche ein Modell der Gegenwart, sondern nutzte Musik, gleichgültig welcher Herkunft, als Material seiner ‚verfremdenden' Kompositionsverfahren."[1]
Der Rückgriff auf ältere Kompositionsmodelle kann also – so paradox es erscheinen mag – gerade den Traditionsbruch mit der Vergangenheit deutlich machen. Im Verweis auf stilistische Verfahren älterer Musik wird gerade deren Fremdheit erfahrbar. Stil ist hier nur noch die grammatische Grundlage einer Sprache, deren Inhalt sich längst gewandelt hat. Künstlerisch interessant ist nicht mehr, die vergangene Sprache zu rekonstruieren und zu restaurieren (dies war das Anliegen der historischen Aufführungspraxis), sondern die Fremdheit der vergangenen Sprache bewußt zu machen, sie durch „Verfremdung" in ihrem Anders-Sein erst recht deutlich werden zu lassen.

1 Hermann Danuser in: Neues Handbuch der Musikwissenschaft, Bd. 7, Laaber 1984, S. 148/149.

M3 Original und neoklassizistische Brechung

3.1 Giovanni Battista Pergolesi (1710–1736): Triosonate B-Dur für 2 Violinen und basso continuo

Edition Schott 6052, Mainz.

3.2 Igor Strawinsky: Pulcinella-Suite
(nach verschiedenen Pergolesi zugeschriebenen Werken), 3. Satz „Scherzino"

17
Fl. I
Ob. I
Ob. II
Fag. I
Fag. II
Soli
Cor. I
Cor. II
mf subito meno f
17
Vlno. I
Vlno. II
SOLO
Vla.
Vc.
Cb.
cresc. poco
f p sub.
poco cresc.
ORCH.
Vlni. I
Vlni. II
Vle.
Vcl.
Cbi.
mf

Arbeitsmöglichkeiten und Anregungen

1. Musizieren und hören Sie die Triosonate von Pergolesi. Vergleichen Sie diese Vorlage mit dem „Scherzino“ aus der Pulcinella-Suite von Strawinsky.
2. Bestimmen Sie die Abschnitte des Stilbruchs in Strawinskys Komposition, und beschreiben Sie das Verfahren, das er darin anwendet.
3. Vergleichen Sie Strawinskys Verhältnis zum Barock mit dem von Louis Spohr.
4. Suchen Sie andere Beispiele in der Musik oder in anderen Bereichen des Lebens und der Kunst, die das Problem von Tradition und Restauration beleuchten.

Eine neue Möglichkeit: Stil als musikalischer Parameter

Die Entwicklung der Medien und die Entfaltung des allgemeinen öffentlichen Musiklebens haben dazu geführt, daß heute alle Stile und Arten von Musik im Angebot des Musikmarktes vertreten und in unserem Bewußtsein gleichzeitig vorhanden sind. Das Konzertleben stellt sich als ein großes Musée imaginaire dar, in dem Werke aller Epochen aufgehoben und ausgestellt (aufgeführt) werden. Dies ist die Voraussetzung für den verwirrenden Stilpluralismus unserer Zeit, den wir uns vor Augen führen können, wenn wir das tägliche Musikangebot der Medien und Konzertveranstalter sowie unseren eigenen Musikkonsum einmal zusammenstellen. Dabei ist natürlich nicht zu übersehen, daß sich das bunte Bild des Stilpluralismus oft nur aus vielen Einseitigkeiten zusammensetzt, weil sich jeder einzelne Hörer in seiner musikalischen Nische eingerichtet hat.
Doch die Verfügbarkeit der verschiedenen Stile eröffnet auch eine neue kompositorische Perspektive. Unser Bewußtsein gleicht einer kreisenden Kugel, in der es kein Vorne und Hinten, kein Früher und Später gibt. Vielmehr werden darin ganz unterschiedliche stilistische Eindrücke neben- und übereinander projiziert und in unserem Gedächtnis gespeichert. Hörend und spielend bewegen wir uns übergangslos von einem Stil in einen ganz anderen. Bernd Alois Zimmermann (1918–1970) hat diese Erfahrung zu einer Kompositionsweise geführt, bei der er kurze Zitate von Musik als Repräsentanten ganz unterschiedlicher Stile und Zeiten in einen neuen Zusammenhang montiert.
Hans Zender (geb. 1936) hat in seinem Streichquartett „Hölderlin lesen“ versucht, mit zwei gegensätzlichen stilistischen Materialien so zu arbeiten wie sonst mit Tonhöhen und Dauern, Klangfarben und Artikulationsformen, hat Stil also als einen neuen Parameter in die Komposition eingeführt (vgl. M5). Was den Komponisten dabei besonders interessiert, ist nicht die Technik, wie man einen Stil kopiert, sondern die Spannung, die sich aus den Verbindungen und Überschneidungen, aus den Übergängen und Bruchstellen zwischen den Stilen ergibt, also das, was sich gewissermaßen an den Stilrändern ereignet. Erinnert sei hier an den Versuch der Maler des Blauen Reiter, Bilder verschiedener Epochen in ihrem Almanach 1912 einander gegenüberzustellen und durch das Nebeneinander diesen Bildern neue Bedeutungen zu erschließen. Die Struktur des einen Bildes tritt nämlich unwillkürlich in Beziehung zur Struktur des anderen. So entstehen „visuelle Reime“ zwischen zwei ganz verschiedenen Stilsphären. Dabei können plötzlich Gemeinsamkeiten in der künstlerischen Aussage oder in dem Kompositionsprinzip verschiedener Bilder zutage treten, die jenseits der stilistischen Besonderheiten jedes einzelnen Bildes liegen (vgl. Abb. S. 167). Dies ist ein Grundgedanke, der einerseits der Montage als künstlerischem Prinzip zugrunde liegt und andererseits die Idee hervorgebracht hat, Stil und Stilübergänge selber zum Gegenstand einer Komposition zu machen.

Zwei Bilder
Gegenüberstellung von Robert Delaunay „Tour Eiffel“ und El Greco „St. Johannes“ im Almanach „Der Blaue Reiter“ 1912

Das Original des El Greco wurde im 2. Weltkrieg zerstört.
„Eine der suggestivsten Pendant-Paarungen des ‚Blauen Reiters‘ ist die Zusammenstellung von Robert Delaunays Tour Eiffel und El Grecos Sankt Johannes … Die primäre Ähnlichkeit, welche die beiden durch drei Jahrhunderte getrennten Werke verbindet, ist zweifellos die verwandte expressive Malweise. Sie bringt die gebaute Ordnung der jeweils dargestellten Objekte in flatternde Bewegung und zielt darauf ab, die Differenz zwischen den festen Gebilden und dem atmosphärischen Raum aufzuheben. Hinzu kommen eigentliche *visuelle Reime* zwischen den beiden Abbildungen: der hochragenden, langgezogenen Figur des Täufers mit dem ruhenden Schäfchen zu seinen Füßen entspricht der Eiffelturm mit den im Vordergrund an ihn angrenzenden Häuserblöcken; die konkav eingebogenen Konturen der den Turm rahmenden Gebäude haben ihr formales Analogon in den bewegten Linien der Wolkengebilde, die den Oberkörper des Täufers umspielen.
Diese visuellen Reime laden den Betrachter ein, einen semantischen Bezug zwischen den jeweils korrelierten Gegenständen – bzw. den inhaltlichen Bereichen, die sie repräsentieren – herzustellen, und bringen so einen Prozeß der Bedeutungskonstitution in Gang. Die moderne technische Welt und die urtümliche biblische Welt sind die hier zusammengebrachten Bereiche: dem Eiffelturm als Symbol des technischen Fortschritts und des Zukunftsglaubens steht der Asket Johannes der Täufer als Verkünder einer neuen geistigen Ordnung gegenüber“ (Felix Thürlemann: Famose Gegenklänge, in: Ausstellungskatalog Der Blaue Reiter, Bern 1986, S. 218). Vgl. hiermit auch Apollinaires Gedicht „Zone“ (S. 33).

Die erste Hörbegegnung mit Zenders Quartett vermittelt in der Regel zwei Unsicherheiten. Man ist hinsichtlich des stilistischen Ortes ratlos, weil man ständig zwischen Formen traditioneller tonaler Musik, die einem vertraut erscheint, und avantgardistischen Klängen hin und her schwankt. Und immer, wenn das Vertraute eindeutig zu werden beginnt, immer, wenn sich Einverständnis einzustellen scheint, wird einem sogleich der Boden wieder entzogen. Das Nebeneinander von zwei disparaten Stilen, die sich nicht zu einem Ganzen fügen wollen, verhindert zunächst Orientierung. Wir suchen sie am Text, der wie eine fünfte Stimme zum Quartettsatz (ad libitum) hinzutritt. Und hier macht man die gleiche Erfahrung. Obwohl man fast jedes Wort versteht und den Text gut verfolgen kann, ist man doch nicht in der Lage, seinen Inhalt zusammenhängend wiederzugeben. Was haften bleibt, sind einzelne Begriffe und Bilder. Im äußeren Ablauf entspricht das Quartett den Fragmentteilen der Hymne „An die Madonna“ von Hölderlin. Die musikalische Struktur der Komposition greift so das Fragmentarische der Textvorlage auf. In teils harten Schnitten, teils weichen Übergängen sind die beiden Stilbereiche wie zwei verschiedene musikalische Stimmen kontrapunktisch gegeneinander gesetzt. Der Zusammenhang der verschiedenen Abschnitte mit wechselnden Klangstilen wird durch eine einheitlich dem ganzen Stück zugrunde liegende Zwölftonreihe mit einem zentralen Motiv aus Quinte und kleiner Sekunde gewährleistet.

Zwölftonreihe zum Streichquartett „Höderlin lesen“

Das Werk mündet schließlich in eine Fuge, die erstmals ein wirkliches Zitat (gegenüber den vorangegangenen Stilzitaten) bringt: das Fugenthema des letzten Satzes der Hammerklaviersonate op. 119 von Beethoven.

Hans Zender: Streichquartett „Hölderlin lesen“, Fugenthema

Ludwig van Beethoven: Thema der Schlußfuge der Hammerklaviersonate op. 106

Dieses Thema steht unmittelbar mit der Zwölftonreihe in Verbindung. Der Beginn der Reihe enthält nämlich schon das charakteristische Motiv aus Quinte und Sekunde, das auch Beethovens Fugenthema auszeichnet. Das Fugenthema, das der Stilsphäre der Klassik entstammt, und die Zwölftonreihe, die die Stilsphäre der Gegenwart einbringt, sind so gefügt, daß – in Umkehrung des chronologischen Ablaufs – das Thema Beethovens als unmittelbar aus dem Reihenmaterial hervorgegangen erscheint. Tonalität bildet gleichsam einen Dialekt, eine typische Sprachform, die in der grammatischen Struktur der atonalen Zwölftonreihe formuliert wird. Der klassische Stil Beethovens wird gleichsam durch das Gitter der Zwölftonreihe hindurch sichtbar. Hans Zender spricht im Hinblick auf das Hinüber- und Herübergleiten zwischen den verschiedenen Stilen, wie es sich uns heute darbietet, vom „Stil-Glissando" und hat damit auf das Kontinuum der Stile in unserem Hörbewußtsein aufmerksam gemacht. „Ich erlebe... das mögliche Mißverständnis eines ‚Klassizismus', der mir so fern wie nur möglich liegt; in Wirklichkeit handelt es sich um etwas, was ich als ‚Stil-Glissando' bezeichnet habe und was, technisch gesprochen, ‚Stil' zu einem Parameter macht wie Tonhöhe, Dauern-Ordnung etc."[1] Wir vernehmen den Stil einer früheren Epoche immer nur vor dem Hintergrund unserer Erfahrungen mit allen anderen Stilen der Vergangenheit und Gegenwart. Stil wird hier als Ordnungskategorie und Klassifikationsschema aufgehoben und zu einem neuen Parameter der musikalischen Komposition.

Werden damit aber Stilgrenzen insgesamt aufgehoben? Wir erleben heute immer wieder, wie Entfernungen zusammenschrumpfen, wie räumlich weit entfernte Kontinente zeitlich immer dichter zusammenrücken. Der weltweite Tourismus und wirtschaftliche und technologische Verflechtungen haben zu einer immer größeren Uniformierung auch der kulturellen Stile und Traditionen geführt. Die Terminals internationaler Flughäfen sind ebenso ununterscheidbar geworden wie die Architektur von Hotels und Banken, aber auch von Konzertsälen und Opernhäusern samt ihren Spielplänen. Dies alles droht die stilistischen Eigenarten und Traditionen mehr und mehr verschwinden zu lassen. So wie wir mit dem Flugzeug in wenigen Stunden von einem Kulturkreis in einen anderen gelangen, so können wir mit Hilfe von Notenausgaben und Schallplatten beliebig aus einem Stilbereich in einen anderen, früheren oder späteren, überwechseln. Was bedeuten aber nationale und personale Stile, wenn die Unterschiede immer mehr verwischt werden? Gehen sie allmählich in dem uniformen Einheitsstil einer neuen „Weltmusik" auf?

Der Stil einer Epoche (Epochenstil, Zeitstil) gibt sich in den formalen Elementen zu erkennen, die verschiedenen Werken derselben Epoche gemeinsam sind und sie von Werken anderer Epochen unterscheiden. Neue Verfahrensweisen, die beim Stilwandel in Erscheinung treten, entspringen einem neuen Denken, einer veränderten Auffassung und Vorstellung, die zusammen die ästhetischen Normen der Zeit bilden.

Der Stil eines einzelnen Komponisten (Personalstil) ergibt sich aus der besonderen Handhabung der formalen Elemente und Verfahren, die dem Zeitstil angehören, aber in ihrer individuellen Ausprägung seine Werke von denen seiner Zeitgenossen charakteristisch unterscheiden.

Im Begriff des Stils verbinden sich also individuelle mit allgemeinen Merkmalen. Je nachdem, ob mehr der eine oder andere Aspekt betont wird, gerät einmal die künstlerisch innovative, ein andermal die handwerklich formale Seite des Stilbegriffs stärker in den Blick. Das, was einen Stil kennzeichnet, ergibt sich aus der Summe individueller Leistungen einzelner, die sich über traditionelle Gewohnheiten und Normen hinweggesetzt haben. Dies wird an den Bruchstellen eines Stilwandels besonders deutlich. Die Werke, die den Wandel einleiten, setzen teilweise oder ganz die ästhetischen Grundlagen außer Kraft, die bis dahin allgemein anerkannt waren.

1 Aus einem Brief Hans Zenders vom 21. 2. 1984 an den Verfasser.

M4 Hans Zender: „Hölderlin lesen“
Streichquartett mit Sprechstimme ad libitum (1979), Finale

𝅗𝅥 = 56
fff
♩ = 132
f
𝅗𝅥 = 56
fff
ff

♩ = 132
s.p.
ord.
rit.
♩ = 112 (meno)

Bote & Bock, Berlin.

„Wenn man einen großen Dichter der Vergangenheit liest, kann es geschehen, daß man von einer Zeile getroffen wird, daß man glaubt, Worte aus der unmittelbaren, eigenen Gegenwart zu vernehmen. Andere Sätze des gleichen Dichters mögen dunkel klingen; man wird versuchen, sie aus dem Kontext ihrer Zeit heraus zu verstehen, indem man die ‚Sprache' ihrer Zeit erlernt.
So ging es mir mit Hölderlin; und der Gedanke entstand, jene doppelte Reaktion musikalisch zu gestalten: die Ton-Sprache unserer Zeit sollte mit der Ton-Sprache der Hölderlin-Zeit – sprich: der Beethoven-Zeit – kombiniert werden. So entstand eine Form, die beide Sprachen entweder hart geschnitten sich ablösen läßt oder sich weich durchdringen läßt: z. B. Bratsche, Cello spielen im klassischen Stil, die beiden Violinen in „moderner" Weise. Auch entstehen Mischformen, wenn etwa klassische Metrik sich mit zwölftöniger Tonhöhenführung verbindet. Denn die strukturelle Verbindung der beiden Sprachen wird durch eine Zwölfton-Reihe gewonnen: diese Reihe kann, durch Hinzufügung von Harmonienoten, tonal interpretiert werden, sei es als klassisches Thema, sei es als Baßlinie eines vierstimmigen Satzes; und sie kann als Matrix für alle möglichen atonalen Abläufe dienen" (aus: Hans Zender: Einführungstext zum Programm der Tage für Neue Musik, Stuttgart 1981).

M5 Weltmusik

Die höchste Verpflichtung in unserer Zeit ist, so viele musikalische Formen und Aufführungsstile zu konservieren, wie überhaupt nur möglich...
Erhaltung möglichst vieler musikalischer Formen aller Kulturen – auch wenn es sich um tote Formen handelt, die gerade durch den Prozeß der Konservierung kristallisieren – ist deshalb so unerhört nötig, weil Instrumentarium und Kompositionsprozesse zum Beispiel der europäischen Musik sich so verallgemeinert haben, daß beliebige Klänge und beliebige Klangkonstellationen mit den modernen live-elektronischen Apparaturen erzeugbar sind. Darin liegt natürlich die große Gefahr, sich ständig in allen Registern zu bewegen und dadurch alle Kraft zu verlieren, die einmal in der unerhörten Konzentration und Einseitigkeit bestimmter musikalischer Kulturen und bestimmter Formen in diesen Kulturen begründet war. Wenn man auf einem sehr begrenzten Instrument nur ganz bestimmte Töne erzeugen kann, so ist gerade diese Begrenzung eine Gewähr dafür, daß man eine sehr originelle Musik macht, die sich von derjenigen Musik stark unterscheidet, die man eben mit anderen Instrumenten ganz anderer Möglichkeiten erzeugen könnte, und ein live-elektronisches Universalinstrument, mit dem man theoretisch alles machen kann, tötet eher den Geist, als daß es ihn animiert. ...
Aus dem Vermischungs- und Integrationsprozeß aller Musikkulturen dieser Erde wird sich nach einer ersten Phase dann eine zweite eröffnen, in der – ganz im Sinne einer steigenden Spirale, die durch ihre Windungen wieder an den gleichen Punkt kommt, nur eine Stufe höher – eine stark gegenläufige Tendenz gegen den Uniformitätstrend sich einstellt. Das heißt, daß man nach einer Zeit starker Konservierungstätigkeit in einzelnen Kulturbezirken alle Konzentration darauf richten wird, wieder originelle eigene Formen zu entwickeln...
Solche Individualstile, die bewußt geformt sind und aus den Kreuzungen der merkwürdigsten Einflüsse aller historischen und frei erfundenen Möglichkeiten gebildet werden, erweitern dann auf eine ganz neue Weise die Welt musikalischer Formen und Aufführungsriten.

Aus: Karlheinz Stockhausen: Weltmusik, in: Texte zur Musik, Bd. IV, Köln 1978, S. 469, 473, 475.

Arbeitsmöglichkeiten und Anregungen

1. Vergleichen Sie die beiden Bilder von Delaunay und El Greco (Abb. S. 167) miteinander. Welche inhaltlichen Bezüge ergeben sich durch diese Gegenüberstellung? Inwieweit stellen Sie selber als Betrachter neue Bedeutungen durch die Deutung des einen Bildes aus der Sicht des anderen her? Ziehen Sie Parallelen zur Komposition Zenders (M4).
2. Diskutieren Sie Zenders Begriff des „Stil-Glissando" anhand des Notenbeispiels M4.
3. Was unterscheidet Zenders Komposition vom Neoklassizismus?
4. Erörtern Sie das Problem des Stilpluralismus angesichts einer weltumspannenden Einheitskultur, in der stilistische Eigenarten unterzugehen drohen. Diskutieren Sie in diesem Zusammenhang Stockhausens Thesen (M5).
5. Vergleichen Sie Stockhausens Vorstellung von der Bewegung in allen Registern auf einem elektronischen Universalinstrument mit dem Begriff des Stils. Kann man hier „Stil" mit „Register" gleichsetzen?

Literaturhinweise zu den einzelnen Kapiteln

Stil und Stilwandel

Ackerman, James S.: A Theory of Style, in: Journal of Aesthetics and Art Criticism, 20 (1961/62), S. 227–237

Adler, Guido: Der Stil in der Musik, Leipzig 1911

Arnau, Frank: Kunst der Fälscher – Fälscher der Kunst, Düsseldorf 1959

Burckhardt, Jacob: Die Kultur der Renaissance in Italien, 1860

Hausswald, Günther: Musikalische Stilkunde, Wilhelmshaven 1973

Kuhn, Thomas S.: Die Struktur wissenschaftlicher Revolutionen, Frankfurt am Main 1970

ders.: Die Entstehung des Neuen, Frankfurt am Main 1977

Schering, Arnold: Historische und nationale Klangstile, in: Jahrbuch der Musikbibliothek Peters 1927

Schücking, Levin L.: Soziologie der literarischen Geschmacksbildung, Bern 1961

Staiger, Emil: Das Problem des Stilwandels, in: Euphorion 55 (1961), S. 229ff.

Volkelt, Johannes: Der Begriff des Stils, in: Zeitschrift für Ästhetik und allgem. Kunstwissenschaft 8 (1913), S. 209–246

Wölfflin, Heinrich: Kunstgeschichtliche Grundbegriffe. Das Problem der Stilentwicklung in der neueren Kunst, München 1917

Stilwandel um 1910

Apollonio, Umbro (Hrsg.): Der Futurismus. Manifeste und Dokumente einer künstlerischen Revolution 1909–1918, Köln 1972

Der Blaue Reiter. Almanach 1912, hg. von Wassily Kandinsky und Franz Marc, Dokumentarische Neuausgabe von Klaus Lankheit, München 1965

Danuser, Hermann: Die Musik des 20. Jahrhunderts, Laaber 1984 (Neues Handbuch der Musikwissenschaft, Bd. 7)

Freitag, Eberhard: Arnold Schönberg in Selbstzeugnissen und Bilddokumenten, Reinbek 1973

Hepp, Corona: Avantgarde. Moderne Kunst, Kulturkritik und Reformbewegungen nach der Jahrhundertwende, München (dtv) 1987

Kandinsky, Wassily: Über das Geistige in der Kunst (1911), Bern 1952, 1983

Krellmann, Hanspeter: Anton Webern in Selbstzeugnissen und Bilddokumenten, Reinbek 1975

Mayer-Rosa, Eugen: Musik und Technik. Vom Futurismus bis zur Elektronik, Wolfenbüttel 1974 (Beiträge zur Schulmusik, H. 27)

Prieberg, Fred K.: Musica ex machina, Frankfurt am Main 1960

Scherliess, Volker: Alban Berg in Selbstzeugnissen und Bilddokumenten, Reinbek 1975

Schönberg, Arnold, Wassily Kandinsky: Briefe, Bilder und Dokumente einer außergewöhnlichen Begegnung, hg. von Jelena Hahl-Koch, München (dtv) 1981
Webern, Anton: Der Weg zur Neuen Musik (16 Vorträge aus den Jahren 1932/1933), hg. von Willi Reich, Wien 1960

Stilwandel um 1730

Bach, Carl Philipp Emanuel: Versuch über die wahre Art das Klavier zu spielen (Berlin 1759/62), Leipzig 1925
Burney, Charles: Tagebuch einer musikalischen Reise (I 1772, II und III 1773), Faks. Kassel 1959
Dahlhaus, Carl (Hrsg.): Die Musik des 18. Jahrhunderts, Laaber 1985 (Neues Handbuch der Musikwissenschaft, Bd. 5)
Eppstein, Hans: J. S. Bach und der galante Stil, in: Aufklärungen. Studien zur deutsch-französischen Musikgeschichte im 18. Jh., Bd. 2, hg. von W. Birtel und Ch. H. Mahling, Heidelberg 1986, S. 209–218
Göttert, Karl-Heinz: Streit um Bach, in: Concertino 6/1986, S. 5–9
Riemann, Hugo (Hrsg.): Die Sinfonien der pfalz-bayerischen Schule, Leipzig 1902 (Denkmäler der Tonkunst in Bayern, 3. Jg., Bd. I) und Leipzig 1906 (Denkmäler der Tonkunst in Bayern, 7. Jg., Bd. II)
Scheibe, Johann Adolf: Critischer Musikus. Neue, vermehrte und verbesserte Auflage, Leipzig 1745, ND Hildesheim 1970
Schering, Arnold: C. PH. E. Bach und das „Redende Prinzip" in der Musik (Jahrbuch Peters 1929), in: Vom Wesen der Musik. Ausgewählte Aufsätze von A. Schering, Stuttgart 1974, S. 157–182
Schubart, Chr. Friedr. Daniel: Ideen zu einer Ästhetik der Tonkunst, Leipzig 1924

Stilwandel um 1600

Braun, Werner: Die Musik des 17. Jahrhunderts, Wiesbaden 1981 (Neues Handbuch der Musikwissenschaft, Bd. 4)
Brodde, Otto: Heinrich Schütz. Weg und Werk, Kassel 1985
Eggebrecht, Hans Heinrich: Heinrich Schütz. Musicus Poeticus, Göttingen 1959
Konold, Wulf: Claudio Monteverdi, Reinbek 1986
Leopold, Silke: Claudio Monteverdi und seine Zeit, Laaber 1982
Meierott/Schmitz: Materialien zur Musikgeschichte für die Sekundarstufe II, Bd. 1: Texte, München 1984
Wölfflin, Heinrich: Renaissance und Barock, München 1888

Stil als Material

Kühn, Clemens: Das Zitat in der Musik der Gegenwart – mit Ausblicken auf bildende Kunst und Literatur, Hamburg 1972
Gruhn, Wilfried: Musik über Musik. Vermittlungsaspekte des Streichquartetts „Hölderlin lesen" von Hans Zender, in: Musik und Bildung 9/1985, S. 598–605

Glossar

Aphorismus (griech. = Abgrenzung, Bestimmung):
Gedankensplitter; geistreiche Formulierung eines allgemeinen Gedankens oder einer Lebensweisheit in kurzer und prägnanter Form.

aphoristisch:
im Stil des Aphorismus; kurz und prägnant auf das Wesentliche zielend.

Ästhetik (griech. = Lehre von der sinnlichen Wahrnehmung):
Seit dem 18. Jh. eigenständige philosophische Disziplin, die allgemeine Probleme des Erkennens und der Wirkungen des sinnlich Schönen (Erhabenen, Tragischen, Komischen, Häßlichen) behandelt. Theorie, die das Wesen der „schönen Künste" (im Gegensatz zu den theoretischen und praktischen Wissenschaften) zu ergründen versucht. Heute beschäftigt sich die Ästhetik mit den Urteilen über alle Arten der sinnlichen Wahrnehmung und ist nicht mehr nur auf die „schönen Künste" beschränkt.

ästhetisch:
Das sinnliche Empfinden im allgemeinen und das Kunsturteil im besonderen betreffend. Indem Gegenstände um ihrer selbst willen und losgelöst von alltäglichen Zweckbindungen und Gebrauchsweisen wahrgenommen werden, werden sie zu Gegenständen der Kunst. Kompositionsästhetische Urteile betreffen also Urteile über den Kunstcharakter von Kompositionen.

Atonalität (griech. = frei von Tonalität):
Zuerst als Schimpfwort verwendete Bezeichnung für dissonante, moderne Musik nach 1910. Atonal ist eine Musik, die die Schranken einer grundtonbezogenen Harmonik durchbrochen hat und von der Gleichberechtigung aller Töne und Zusammenklänge unseres Tonsystems, insbesondere der Konsonanzen und Dissonanzen, ausgeht. Dies führt harmonisch zur → Emanzipation der Dissonanz und motivisch-thematisch zur „Komposition mit zwölf nur aufeinander bezogenen Tönen" (Schönberg).

Aura (lat. = Hauch, Schein, Duft):
Ausstrahlung einer Person; in der von Walter Benjamin verwendeten Bedeutung bezeichnet Aura auch das atmosphärische Bedeutungsumfeld einer Sache, einer Handlung oder eines Begriffs.

Ausdrucksästhetik:
DieTheorie, wonach das Wesen der Kunst auf der Kundgabe von Affekten beruht.

Bruitismus (zu frz. bruit = Lärm, Geräusch):
Mit Geräuschen als kompositorischem Material arbeitende musikalische Richtung des → Futurismus.

Caecilianismus:
Kirchenmusikalische Reformbewegung im 19. Jahrhundert, die sich am alten Stil der Musik Palestrinas orientierte (benannt nach der hl. Caecilie, der Schutzpatronin der Kirchenmusik).

Commedia dell'arte:
In der Mitte des 16. Jahrhunderts in Italien entstandene Stegreifkomödie mit Berufsschauspielern, die ihren Text nach einer Handlungsskizze improvisierten.

Concerto grosso (ital. = großes Ensemble; von ital. concertare = zusammenwirken):
Instrumentale Gattung des Barock, bei der dem großen Ensemble eine kleinere Solistengruppe (Concertino) gegenübersteht.

Dadaismus (frz. nach dem kindersprachlichen Stammellaut dada = Pferdchen):
Literarische Avantgardebewegung zu Beginn des 20. Jahrhunderts, die die Gestaltung absichtsvoll sinnloser Texte zum Prinzip ihres Protestes gegen die bürgerliche Gesellschaft erhob. Hauptvertreter: Hugo Ball, Raoul Hausmann, Kurt Schwitters. → Futurismus.

Décadence, Dekadenz (frz. = Verfall):
Bezeichnet die letzte Steigerung einer überfeinerten Kultur am Ausgang des 19. Jahrhunderts (fin de siècle). Der Begriff „Décadence" ist zu einer ästhetischen Kategorie geworden, die sinnliche Überreizung als Verfallserscheinung versteht. Die frz. Bezeichnung steht im Zusammenhang mit einer Gruppe frz. Dichter (décadents), die sich um das ästhetische Programm der literarischen Zeitschrift „Le Décadent" (1886–89) sammelten.

Dissonanzbehandlung:
Die in der Harmonielehre zusammengefaßten Regeln über die Auflösung dissonanter Intervalle in einem Akkord.

Dramma per musica (ital. = Drama für Musik, musikalisches Drama):
Häufige Bezeichnung für die Oper im 17. und noch im 18. Jahrhundert.

Emanzipation der Dissonanz:
Gleichberechtigung von Dissonanz und Konsonanz, die sich darin zeigt, daß Dissonanzen nicht mehr aufgelöst werden, sondern als selbständige harmonische Klänge wie Konsonanzen behandelt werden.

Fauxbourdon (frz. von ital.: falso bordone = falscher Bordun):
Bezeichnet eine im 15. Jahrhundert aufkommende Praxis der Mehrstimmigkeit, bei der in einem notierten 2-stimmigen Satz eine 3. Stimme ergänzt wird, die eine Quarte unter der Melodie verläuft. Zusammen mit der Unterstimme ergibt sich so eine charakteristische Folge parallel geführter Terz-Sext-Klänge zwischen einzelnen Quint-Oktav-Klängen.

Figuren (musikalisch-rhetorische):
Die in der Kompositionslehre (musica poetica) des 17. und 18. Jahrhunderts zusammengefaßten Ausnahmen der Dissonanzbehandlung zum Zweck der Textausdeutung. Aus der antiken Redekunst (Rhetorik) wurden die Bezeichnungen für formelhafte Wendungen entlehnt, mit deren Hilfe eine grammatische Fügung musikalisch nachgebildet (grammatische Figur, z. B. die Wiederholung eines Wortes oder Motivs) oder eine Textaussage bildlich dargestellt (bildliche Figuren, z. B. eine aufsteigende Tonfolge zum Wort „resurrexit") werden konnte.

freier Satz:
Tonsatz, in dem Abweichungen vom strengen Satz zugelassen sind (im strengen Satz unterliegen Stimmführung und Dissonanzbehandlung strengen Regeln).

Funktionsharmonik:
Harmonische Grundlage der Dur-Moll-Tonalität, in der die verschiedenen Harmonien (Akkorde) je nach ihrer Stellung im Gesamtzusammenhang eine bestimmte Funktion (z. B. als Tonika, Subdominante, Dominante, Parallele, Gegenklang oder Mediante) erfüllen.

Futurismus (lat.):
Sammelbezeichnung für die erste historische Avantgardebewegung junger Literaten, Maler und Musiker, ausgehend von Italien und Rußland, die einen radikalen Traditionsbruch vertrat und eine die Technik verherrlichende Antikunst forderte. Hauptvertreter des musikalischen Futurismus: F. T. Marinetti, F. B. Pratella, L. Russolo. → Bruitismus, → Dadaismus.

gelehrter Stil:
Die kontrapunktisch geprägte Schreibweise im Gegensatz zum „galanten", homophonen Satztypus.

Generalbass (basso continuo):
Die das harmonische Fundament des Satzes bildende Baßstimme, zu der Akkorde, die mit Ziffern unter den Noten bezeichnet sind, aus dem Stegreif auf einem Akkordinstrument (Cembalo, Orgel, Laute oder Theorbe) ergänzt werden.

Historismus:
Erkenntnistheoretische Richtung im 19. Jahrhundert, wonach alle Erscheinungen und Werke nicht von Natur gegeben, sondern immer geschichtlich geworden und vermittelt sind. In der musiktheoretischen Sprache bezeichnet musikalischer Historismus die Praxis, sich kompositorisch an älterer Musik zu orientieren und ihr im Musikleben eine Vorrangstellung gegenüber der jeweiligen zeitgenössischen Musik einzuräumen.

Klassizismus:
Ästhetische Haltung, die sich an „klassischen" Vorbildern orientiert und diese als Modell übernimmt. Die Bezeichnung „klassisch" meint dabei nicht eine bestimmte historische Epoche, sondern stellt einen Wertbegriff dar.

Kontrafaktur (lat. = Gegenschöpfung, Nachbildung):
Abfassen eines neuen Textes auf eine bereits vorhandene Komposition, z. B. Unterlegung eines geistlichen Textes unter einen weltlichen Chorsatz. Dieses Verfahren, das ab 1600 meist Parodie genannt wurde, ist wichtig für die geistliche Verwendung weltlicher Musik.

Kontrapunkt (lat. punctus contra punctum: Satz Note gegen Note):
Satztechnik der linearen Mehrstimmigkeit, bei der einer Stimme (z. B. einer Choralmelodie als c.f.) eine selbständige Gegenstimme hinzugefügt wird, die bestimmten Regeln über die Stimmführung, die Akkordfortschreitung und Dissonanzbehandlung folgt.

Madrigal (ital. madrigale, vermutlich von lat. matricalis = von der Mutter; Gesang in der Muttersprache, natürlicher, einfacher Gesang):
Weltliches Chorstück mit meist italienischem Text. Die zur Textdarstellung verwendeten harmonischen Mittel (Chromatik, Häufung von Dissonanzen) und bildliche Figuren werden als „Madrigalismen" bezeichnet.

Manieren:
Im engeren Sinne musikalische Verzierungen (Ornamente, Koloraturen) in der Vokal- und Instrumentalmusik; dann aber auch formelhaft gebrauchte charakteristische Wendungen (z. B. im Mannheimer Orchesterstil).

Monodie:
Der die leidenschaftliche Rede ausdrückende Sologesang über einem Generalbaß, wie er im frühen 17. Jahrhundert im Zusammenhang mit der Entstehung der Oper entwickelt wurde.

Motette:
Mehrstimmiger abschnittweise gegliederter Chorsatz mit geistlichem (meist lateinischem) Text.

motivisch-thematische Arbeit:
Kompositorisches Verfahren, durch Ableitung und Abspaltung verschiedene motivische Elemente aus dem thematischen Material einer Komposition zu gewinnen und damit einen längeren Abschnitt zu arbeiten.

musikalische Prosa:
In Analogie zur sprachlichen Prosa eine Kompositionsweise, die auf regelmäßige rhythmische und melodische Entsprechungen verzichtet, wie sie in der am sprachlichen Vers orientierten musikalischen Periode vorherrschen.

Originalitätsästhetik:
Die Theorie, wonach die Originalität und Individualität des Einfalls und der Ausarbeitung höher bewertet werden als die regelrechte Befolgung von Kunstgesetzen.

Paradigma (griech. = Beispiel):
1. beispielhaftes Muster für eine ganze Klasse von Fällen; 2. (nach Th. Kuhn) die Leistung „der Mitglieder einer wissenschaftlichen Gemeinschaft" schöpferischer Menschen, die eine „exemplarische Problemlösung" gefunden haben und mit deren Hilfe die Erscheinungen unserer Wirklichkeit neu zu sehen und anders zu erklären sind. Lösen neue Erklärungs- und Denkmodelle alte ab, spricht Th. Kuhn von einem „Paradigmenwechsel".

Parameter (von griech. = an etwas messen):
Allgemeine mathematische Bezeichnung für Größen, die eine Funktion bestimmen. Im musikalischen Bereich Bezeichnung für eine isoliert veränderbare musikalische Eigenschaft eines Tonsatzes (z. B. Dauer, Tempo, Höhe, Stärke).

Parodie (griech. = Neben- bzw. Gegengesang):
Im Bereich der Musik ursprünglich die Übertragung weltlicher Kompositionen in den geistlichen Bereich, z. B. die Verwendung von Madrigalen für Mess-Teile (→ Kontrafaktur). In der Kunst und Literatur wie auch in der Musik allgemein die Nachahmung eines Werkes in satirischer oder polemischer Absicht.

Periode:
Eine musikalische Periode ist eine aus Vordersatz und Nachsatz gebildete symmetrische Form, die durch rhythmische, melodische und harmonische Korrespondenzen gekennzeichnet ist. Das Schema einer achttaktigen klassischen Periode besteht aus

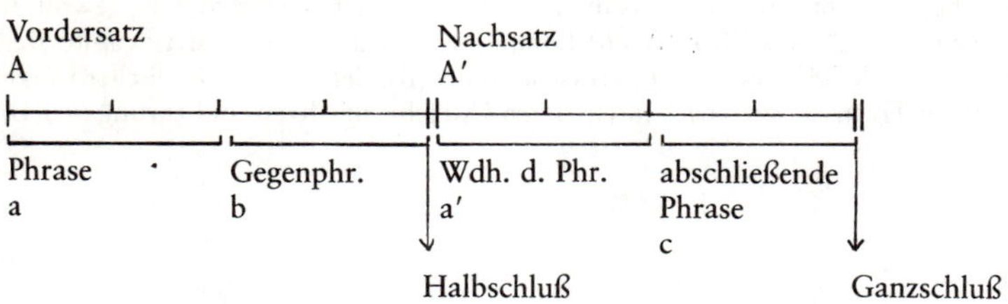

Plagiat (frz. zu lat. plagium = Menschendiebstahl):
Widerrechtliche Übernahme und Verwertung fremden geistigen Eigentums in Kunst und Wissenschaft.

Restauration:
Wiederherstellung älterer Werke oder Verfahren, deren Zusammenhang mit der Gegenwart abgerissen ist.

Sezession (lat. Abspaltung):
Bezeichnung für den Zusammenschluß von Malern (Künstlern) um die Jahrhundertwende, die sich von der akademischen Kunstlehre absonderten.

Sonatenform:
Musikalisches Formprinzip:
1. die zyklische Satzfolge einer Sonate (auch Sinfonie, Streichquartett u. ä.):
schnell – langsam – Menuett/Scherzo – schnell
2. Struktur des Kopfsatzes einer Sonate (Sonatenhauptsatzform) mit der „Exposition" von zwei dualistischen Themen, deren motivisch-thematischer „Durchführung" und einer zur Synthese führenden „Reprise".

stile antico:
alter Stil; im 17. Jahrhundert Bezeichnung für die strenge → Vokalpolyphonie im Gegensatz zum → stile moderno oder nuovo.

stile concitato:
Erregte musikalische Deklamationsweise.

stile espressivo:
Der durch ungewöhnliche Intervallsprünge und häufige Dissonanzen besonders ausdrucksvolle Sologesang.

stile moderno (nuovo):
Die neue affektbetonte Kompositionsweise der Monodie nach 1600.

stile rappresentativo:
Der den Textgehalt darstellende Gesangsstil im 17. Jahrhundert.

stile recitativo:
Die der Textdeklamation folgende, „redende" Kompositionsweise.

Testo (ital. = Zeuge; Originaltext):
Die den Text oder die Handlung erzählende Gesangspartie im stile recitativo in Oratorium, Kantate, Passion.

Tonalität:
Bezeichnet den funktionalen harmonischen Bezug der Musik auf eine vorherrschende Grundtonart. Der Zusammenhang der Musik wird durch die Verwandtschaftsbeziehungen zwischen den Akkorden gewährleistet.

Tradition (lat. = Überlieferung):
Kontinuierliche Weiterführung von Erscheinungen (musikalischen Stilen, Kompositionsprinzipien, Formen, Gattungen), deren Zusammenhang mit der Vergangenheit noch lebendig ist.

Vokalpolyphonie:
Mehrstimmige Chormusik im polyphonen (d. h. vielstimmigen kontrapunktischen) Stil. Blütezeit der Vokalpolyphonie im 15. und 16. Jahrhundert (niederländische Meister). Als „klassische Vokalpolyphonie" bezeichnet man den Stil der Messen und Motetten Palestrinas (1525?–1594).

Zwölftonmusik:
Kompositionsweise, bei der statt mit dem Tonvorrat traditioneller Tonarten mit „zwölf nur aufeinander bezogenen Tönen" (Zwölftonreihen) komponiert wird. Die einmal gewählte Reihe kann in vier verschiedenen „Modi" erscheinen: als Grundreihe (R), deren spiegelbildlicher Umkehrung (U), in rückläufiger Form (Krebs = K) sowie deren Umkehrung (Krebsumkehrung = KU).

987654321

Arnold Schönberg: Selbstportrait, 1911, Öl auf Pappe (vgl. S. 29)

Wassily Kandinsky: Impression III (Konzert), 1911, Öl auf Leinwand (vgl. S. 43)

Paris Bordone: Bathseba im Bade, 1545 (vgl. S. 122)

Bartolomé Estéban Murillo: Alte Frau und Knabe, 1650/60 (vgl. S. 122)